爱国

The Principles
of
Loving One's Country

之道

齐高龙　任松峰　编著

山东文艺出版社

图书在版编目（CIP）数据

爱国之道 / 齐高龙，任松峰编著. -- 济南 ：山东
文艺出版社，2025. 5. --（中华传统美德格言集萃丛书
）. -- ISBN 978-7-5329-7329-3

Ⅰ. D648-49

中国国家版本馆 CIP 数据核字第 2025ME4901 号

爱国之道

AIGUO ZHIDAO

齐高龙　任松峰　编著

主管单位　山东出版传媒股份有限公司
出版发行　山东文艺出版社
社　　址　山东省济南市英雄山路 189 号
邮　　编　250002
网　　址　www.sdwypress.com

读者服务　0531-82098776（总编室）
　　　　　　0531-82098775（市场营销部）
电子邮箱　sdwy@sdpress.com.cn

印　　刷　山东新华印务有限公司
开　　本　880 毫米 ×1230 毫米　1 / 32
印　　张　6.75
字　　数　120 千
版　　次　2025 年 5 月第 1 版
印　　次　2025 年 5 月第 1 次印刷
书　　号　ISBN 978-7-5329-7329-3
定　　价　49.00 元

前言

　　中华文明源远流长、博大精深，孕育了中华民族宝贵的精神品格，培育了中国人民崇高的价值追求。中华传统美德是中华文化的精髓所在，积淀着中华民族最深层的精神追求，蕴含着中华民族最根本的文化基因，是中华民族生生不息、绵延不绝的道德支撑，也是担负新时代的文化使命、推进文化强国建设的动力之源。

　　党的十八大以来，习近平总书记高度重视中华传统美德的传承与弘扬，深刻指出中华传统美德是中华文化精髓，蕴含着丰富的思想道德资源，强调要实施公民道德建设工程，弘扬中华传统美德，引导人们向往和追求讲道德、尊道德、守道德的生活。特别是 2013 年 11 月，习近平总书记在曲阜考察时强调，要加强对中华优秀传统文化的挖掘和阐发，努力实现中华传统美德的创造性转化、创新性发展。习近平总书记一系列重要论述和指示批示要求，为新时代新征程赓续中华文脉、传承弘扬中华传统美德指明了前进方向，提供了重要遵循。

山东是中华文明的重要发祥地和儒家思想的发源地，有着丰厚的历史底蕴和宝贵的文化资源，"孟母三迁""孔融让梨"等许多耳熟能详的美德故事都发生在这里。近年来，山东人民牢记习近平总书记嘱托，充分发挥"人文沃土可以深度耕作"的比较优势，把中华传统美德作为涵育社会主义核心价值观的重要源泉，在传承中创新，在创新中发展，推动全省公民道德素质和社会文明程度达到了一个新高度。

为深入学习贯彻习近平文化思想，贯彻落实习近平总书记对山东工作的重要指示要求，大力弘扬中华传统美德，更好发挥中华传统美德在培养时代新人、涵育时代新风中的重要作用，在山东省委宣传部的指导下，曲阜师范大学组织编撰了"中华传统美德格言集萃丛书"，共分《崇德之道》《做人之道》《做事之道》《待人之道》《持家之道》《爱国之道》《和合之道》七册。格言短小精悍、言简意赅、便于传诵，是讲述、传承、弘扬中华传统美德最通俗、最有效的方式。"天下兴亡，匹夫有责"的爱国之情、"民惟邦本，本固邦宁"的民本精神、"弟子入则孝，出则悌"的孝悌伦理、"言必信，行必果"的诚信之道等思想观念都凝练在中华传统美德格言之中。《中华传统美德格言集萃丛书》萃取朗朗上口、耳熟能详、简练而又寓意深刻的格言编纂而成，在辑选原则上，以"崇德"为统领，将中华传统美德分为"做人、做事、待人、持家、爱国、和合"六个递进主题，每个主题下细分三至五个子目。

为便于读者阅读和理解，本书以《中华经典名著全本全注全译丛书》（中华书局 2011—2023 年版）、《十三经注疏》（中华书局 1980 年版）、《二十四史全译》（汉语大词典出版社 2004 年版）等广受认可的经典名著为依据，对格言中艰涩难懂的字词加以注释，结合典故和案例对全句进行生动解读并引入拓展阅读，既提高了书籍的可读性，又有助于读者更深入地理解格言的内涵和精神、更好地培养良好的道德品质和行为习惯。

千帆一道带风轻，奋楫逐浪天地宽。编写这套普及读物，只是传承弘扬中华优秀传统文化的一种努力。新时代新征程，我们将始终保持礼敬传统、赓续文脉的炽热情怀，踔厉奋发，笃行不怠，努力为文化传承发展事业做出新的更大贡献！

编　者

2025 年 3 月

目录

前　言

一　家国情怀

二 民族气节

三 民本思想

一 家国情怀

临患 ❶ 不忘国，忠也。

《 出处 》

《左传·昭公元年》

《 注释 》

❶患：忧患，灾难。

《 译文 》

面临灾难仍然心系国家，这就是
忠诚。

解读　这句格言出自《左传》："临患不忘国，忠也；思难不越官，信也；图国忘死，贞也；谋主三者，义也。"这是春秋时期晋国大夫赵孟面对国家危难之时说的肺腑之言。个人无论处于什么境地，都应该时刻把国家和人民放在心上，都应该做好自己的本职工作，都应该为了维护国家利益而不惜牺牲自己。

"临患不忘国"表达的是一种在面临祸患时以国家利益为重的高尚情怀。一个人心中始终记挂着国家，将国家的利益、安危放在重要位置，不因为个人的处境艰难或危险而忘却，体现的是对国家的责任与担当，彰显出一种深厚的家国情怀和强烈的责任感。中国历史上，有很多志士仁人用自己的实践，诠释着"临患不忘国"的精神。南宋末年，文天祥在国家面临元军入侵、山河破碎的危难时刻，毅然起兵抗元，虽兵败被俘，却始终坚守气节，宁死不屈，在《过零丁洋》中以"人生自古谁无死？留取丹心照汗青"表达了他对国家的忠诚。

为了让新中国不再陷入饥荒的困境，为了让每一个中国人都能吃饱饭，为了实现禾下乘凉梦和杂交水稻覆盖全球，袁隆平院士以奉献祖国和人民为目标，毕其一生，专注田畴，"为稻粱谋"，为民生计。他致力于研究提高水稻产量问题，通过长期的农业研究和实践，带领着科研团队成功培育出高产优质的杂交水稻，为中国乃至世界的粮食安全和农业科

学发展做出了重要贡献。他用爱国之志、报国之行生动诠释了何谓"侠之大者、国之仁士"。

这句格言启示我们，无论身处何种境况，都要不畏艰难，积极进取，时刻关注国家发展，始终把国家的利益、人民的利益放在第一位。

拓展阅读

2024 年 9 月 29 日，习近平总书记在国家勋章和国家荣誉称号颁授仪式上的讲话中强调，我们"要胸怀强国之志。以国家富强为念，以人民幸福为盼，忠心爱国、矢志报国，把个人小我融入国家大我，在为国尽责、为民服务中实现个人价值、展现人生风采"。新时代是属于奋斗者的时代，每一个人都是新时代的见证者、开创者、建设者，都要勇于担当、善于担当、开拓进取、敬业奉献，要从日常生活和工作做起，时刻关心国家的大事要事，积极响应党和国家的号召，为实现中华民族伟大复兴的中国梦做出自己的贡献。

利于国者爱之，害于国者恶之。

《 出处 》

《晏子春秋·内篇谏上》

《 译文 》

对国家有利的人，就喜爱他；对国家有害的人，就憎恶他。

◈ 解读 ◈　　这句格言出自《晏子春秋》："昔者三代之兴也，利于国者爱之，害于国者恶之，故明所爱而贤良众，明所恶而邪僻灭，是以天下治平，百姓和集。"这是晏子对齐景公说的话，劝谏他不要滥赏无功之人，表达了他在义利和国家问题上的基本观点，流露出浓厚的家国情怀。齐景公经常凭借自己的喜好来处理国家事务，甚至达到"赏无功，罚不辜"的荒谬程度。齐景公认为，君王喜爱一个人就可以给他好处，讨厌一个人就可以疏远他；假若君王喜爱一个人却不能给他好处，讨厌一个人却不能疏远他，就失去了一国之主的权威。

　　对于齐景公的观点，晏子进行了纠正。他认为，贤君的明主应该以国家利益为根本的衡量标准。也就是说，对于有利于国家社稷的人，君主应该赏识他；对于不利于国家社稷的人，君主应该厌恶他。唯有如此，君主才能聚集贤才谋士，驱逐奸佞小人，从而达到国泰民安的执政目标。反之，假若君主以自己的喜好来治理臣民和处理国务，那必然会使"邪僻繁""贤良灭"，最终导致国家衰亡、百姓离散。

　　西周的最后一位君主周幽王在位时期，整个国家处在内忧外患之中，政治腐败，国力衰微，还有犬戎等少数民族的威胁。周幽王为了取悦美人，竟下令点燃烽火，不惜拿国家的军事警报系统开玩笑，严重破坏了国家的信用和统治秩序，最终付出了亡国的代价。

这句格言启示我们，爱国是第一位的，要胸怀祖国、热爱祖国、报效祖国，积极为国家的繁荣富强贡献力量，同时要坚决反对任何损害国家利益的行为，维护国家的尊严和荣誉。

拓展阅读

"利于国者爱之，害于国者恶之"这句格言，习近平总书记在不同的场合多次引用过。比如 2018 年 5 月 2 日，习近平总书记在同北京大学师生座谈时强调，当代的中国青年"要时时想到国家，处处想到人民，做到'利于国者爱之，害于国者恶之'。爱国，不能停留在口号上，而是要把自己的理想同祖国的前途、把自己的人生同民族的命运紧密联系在一起，扎根人民，奉献国家"。在习近平总书记看来，青年是实现中华民族伟大复兴的重要推动力量，新时代的中国青年要主动作为，要为了人民幸福、国家兴旺挺膺担当，做出自己应有的贡献。

苟利国家，不求富贵。

《礼记·儒行》

译文

只要有利于国家就行，不企求个
人富贵。

❀ 解读 ❀　　这句格言出自《礼记》："儒有内称不辟亲，外举不辟怨，程功积事，推贤而进达之，不望其报；君得其志，苟利国家，不求富贵。"意思是说，儒者在荐举引用贤能之人的时候，内不避亲，外不避仇，也不期望被推荐者报答，只求有利于国家。这句格言体现了一种以国家利益为重，将个人利益置于次要位置，为了国家的繁荣、稳定和发展，不惜牺牲个人利益的高尚精神和价值取向。

在中国历史中，无论是处于和平盛世，还是处于动荡乱世，总会有仁人志士用自己的行动甚至生命为这句格言作注解。比如，春秋时期的郑国大夫子产在推行国内改革时，制定了丘赋政策。这一政策在当时有助于富国强兵和改善人民生活状况，但是触及了贵族阶层的既得利益，因而遭到了他们的强烈反对和谩骂诽谤。子产却毫不畏惧。他认为，只要对人民和国家有利，做事公正坦荡，符合道义公理，就不怕任何人的威胁和打压。

钱学森是践行这一格言的典范。他在美国先后获航空工程硕士学位和航空、数学博士学位。作为世界著名科学家冯·卡门最为重视的学生，钱学森二十八岁时就成为世界知名的空气动力学家。1949 年新中国成立后，他毅然辞去在美国的高薪工作，冲破重重阻力，于 1955 年 10 月回到祖国怀抱。随后，他带领团队潜心学术研究，把论文写在祖国大地上，开创了工程控制论、物理力学两门新兴学科，其研究成果广泛应用于军事、农业、林业各领域。正是由于钱学森回国效力，中国导弹、原子弹的发射向前推进了至少二十年。

这句格言启示我们，无论何时何地，都应该把国家放在自己心中最重要的位置，不应为了追求个人之私利而无视国家利益。我们每个人都应该树立不谋私利、甘于奉献、爱国敬业、勇于担当的精神境界。

**拓展
阅读**

在社会主义革命、建设和改革的不同历史时期，爱国主义始终是激昂的社会主旋律和一以贯之的主题。习近平总书记说，"爱国主义始终是把中华民族坚强团结在一起的精神力量"，"英雄模范们都在平凡的工作岗位上忘我工作、无私奉献，不计个人得失，舍小家为大家，具有功成不必在我、功成必定有我的崇高精神"。在习近平总书记看来，推进中国式现代化行稳致远、实现强军富民的"中国梦"，离不开每个人的努力与奋斗。我们都应该做好自己的本职工作，脚踏实地，砥砺前行，为国家和民族的发展贡献力量。

欲治其国者，先齐其家。

《 **出处** 》

《大学》

《 **译文** 》

想要治理好国家，先要整顿好自
己的家庭。

◇ **解读** ◇　　这句格言出自《大学》："古之欲明明德于天下者，先治其国；欲治其国者，先齐其家；欲齐其家者，先修其身；欲修其身者，先正其心；欲正其心者，先诚其意；欲诚其意者，先致其知，致知在格物。"这句格言阐述了格物、致知、诚意、正心、修身、齐家、治国、平天下这一循序渐进、由内而外的修养体系。在家庭与国家的关系上，儒家认为"天下太平"是终极的政治理想，实现这一美好政治理想的前提是治理好国家，而国家的治理与建设又离不开家庭的整顿与发展。也就是说，"家齐"才能"国治"。

　　国与家紧密联系，互相促进，这是中华民族特有的国家观念。"家国同构""家国一体""家国情怀"等正是这一观念的反映。治国必先齐家。五代十国时期，吴越王钱镠治国有方，重视民生，保境安民，使吴越地区经济繁荣，百姓安居乐业。钱氏家族有"利在一身勿谋也，利在天下者必谋之"的家训，希望家族成员在各个领域都能以仁爱之心为国家和社会贡献力量。老一辈革命家毛泽东，无论何时何地，无论是生活还是工作，都严格治家，从不允许子女谋取特殊待遇。他曾语重心长地告诫子女："靠我毛泽东不行，还是要靠你们自己去努力、去奋斗。不要把我挂在你们的嘴边上去唬人。"反之，家不齐则国难治。春秋时期，齐国的姜氏公室内部矛盾重重，国君与卿大夫之间、卿大夫相互之间争权夺利，家族内部混乱不堪，无法有效地治理国家。最终，田氏取代了姜氏，成为齐国的国君，这就是历史上著名的"田氏代齐"事件。可见，家族内部治理不善，严重者会导致国家治理出现严重问题，甚至导致国家政权旁落。

这句格言启示我们，家庭是国家发展、文化繁衍、社会进步的"加速器"与"主引擎"，必须重视家庭建设，塑造良好的家风。

拓展阅读

习近平总书记强调："家庭和睦则社会安定，家庭幸福则社会祥和，家庭文明则社会文明。"的确，"家是最小国，国是千万家"，家庭关系紧张、家庭矛盾突出、家庭生态恶劣、家庭教育落后会导致家庭成员产生消极情绪和行为，进而影响社会秩序稳定和政治发展，对于国家和民族的整体性进步具有阻逆作用。所以，我们必须要加强家庭道德建设，塑造与社会主流价值观相契合的家庭伦理观，积极营造崇德向善、求真务实的家庭生态。

常思奋不顾身，
以殉❶国家之急。

《 出处 》

西汉·司马迁《报任安书》

《 注释 》

❶殉：为了某种目的而献身。

《 译文 》

常常想着在国家危难的时候，自己能够不顾及生命来维护国家的利益。

◆ 解读 ◆ 　　这句格言出自《报任安书》："然仆观其为人，自守奇士，事亲孝，与士信，临财廉，取予义，分别有让，恭俭下人，常思奋不顾身，以殉国家之急。"这段话是司马迁对李陵的评价。在司马迁看来，李陵品质高尚，为了维护国家利益，不惜献出自己的生命。

　　"常思奋不顾身"，首先体现的是一种担当精神，"常思"二字表明这种为国家奉献的想法不是一时冲动，而是一种根植于内心的信念，意味着时刻将国家利益置于首位，随时准备为国家承担起自己的责任。其次，它还强调了一种牺牲精神：在国家面临危机时，个人要摒弃对自身安全和利益的考虑，"奋不顾身"地投身到保卫国家的行动中去。"以殉国家之急"，则突出国家利益至上。在国家面临生死存亡的关键时刻，个人应当服从于国家的需要。

　　其实，在中国历史上，有许多仁人志士常怀捐躯报国之志，为了国家的发展、人民的安康、民族的兴盛而勇毅前行。精忠报国的岳飞，带领岳家军抗击金兵，为保卫国家领土和百姓安全不惜牺牲。南宋末年的文天祥，面对元军的入侵，坚决抵抗，兵败被俘后，宁死不屈，以生命捍卫了国家的尊严，表现出崇高的民族气节。

　　这句格言启示我们，要自觉培养自己的爱国情怀和担当意识。在日常生活和学习中，要将个人的成长与国家的发展紧密结合起来，努力提升自己的能力和素质，以便在国家需要的时候，能够有足够的能力和勇气挺身而出，贡献自己的力量。

拓展阅读

　　比干，商朝沫邑（今河南省淇县南）人，封于比邑（今山西省汾阳市），故称比干，也称王子比干，是殷商王室重臣。二十岁时，比干就以太师高位辅佐商王帝乙。帝乙驾崩后，比干忠心辅佐继位的商纣王帝辛。从政期间，比干积极主张减轻赋税徭役，鼓励发展农牧业生产，得到民众的认可和爱戴。商朝末年，商纣王骄奢淫逸、昏庸暴虐，而西伯侯（姬昌）的势力越来越强大。商纣王作炮烙之刑，比干说："主暴不谏非忠也，畏死不言非勇也。见过即谏，不用即死，忠之至也。"于是冒死进谏。商纣王怒而杀之，比干因此献身殉国。

国耳忘家，公耳忘私。

《 出处 》

《汉书·贾谊传》

《 译文 》

为了国家而忘记家事，为了公事
而忘记私事。

◆ **解读** ◆　这句格言出自《汉书·贾谊传》："故化成俗定，则为人臣者主耳忘身，国耳忘家，公耳忘私，利不苟就，害不苟去，唯义所在。"公与私的关系是中国传统文化中的重要议题，如何处理二者的关系，人们历来有不同的看法。这句格言强调，我们应该正确地认识和恰当处理个人利益与国家利益、公共利益之间的关系。

首先，国家利益和公共利益高于个人利益，但这并不是要否定或者排斥个人利益的正当性、合法性。国家利益和公共利益是个人利益的前提和保障。只有维护好国家利益和公共利益，才能更好地保护个人利益。大禹为了治理洪水，三过家门而不入，全身心地投入治水工程中，历时多年，终于成功治理了水患，保障了百姓的生命财产安全，人们能够安居乐业。他为了国家和人民的利益，完全无暇顾及自己的家庭，是"国耳忘家，公耳忘私"的典型代表。

其次，当国家利益、公共利益与个人（家庭）利益发生冲突时，为了维护国家利益、公共利益而不惜牺牲个人和家庭利益，甚至是宝贵的生命。宗泽是宋代抗金名将，他在任馆陶县县尉期间，知府吕惠卿传令他视察黄河堤防。这时他的长子刚去世，但他还是强忍悲痛，毅然接受命令，奉檄即行。吕惠卿闻后，称赞道："可谓国尔忘家者。"后来，他多次挫败金军进攻，使开封成为抗金前线的坚强堡垒。

他忠义爱国的壮举亦为后世所敬仰和礼赞。

　　这句格言启示我们，应该树立正确的利益观，要以国家和集体为重，坚持把国家利益和公共利益放在首位。

拓展阅读

　　杰出的无产阶级革命家和教育家徐特立先生，就是一位把国家利益和公共利益放在首位的典范。1927年大革命失败，革命处于低潮，斗争环境极其险恶。徐特立义无反顾地加入中国共产党，决心和工农大众站在一起，一头扎进党和人民的事业中去。他用实际行动捍卫着自己的信仰，体现了革命事业舍我其谁的决心。后来，陆定一在《人民教育家》一文中写道："人民教育家徐特立同志，就这样给全党同志上了第一课：困难时不要动摇，应当更坚定地奋斗，革命是一定胜利的。徐老给我们的教科书，就是他的入党，这本没有字的教科书，比什么教科书都好，也比什么教科书都重要。"

捐躯赴国难，视死忽如归。

《 出处 》

三国·曹植《白马篇》

《 译文 》

抱着为国家为正义而死的决心奔
赴国难，把死亡看得就像回家一
样平常。

◈ 解读 ◈　　"捐躯赴国难，视死忽如归"是曹植《白马篇》中的最后一句，展现了为了国家和民族，不惜牺牲生命的大无畏精神和崇高的爱国情怀。

　　"捐躯赴国难"表达了一种强烈的爱国情感。诗人将对国家的忠诚和热爱置于至高无上的地位，愿意为了国家的利益奉献出自己的一切，包括宝贵的生命。这种爱国情感超越了个人的生死考量，是一种纯粹而炽热的对国家和民族的深情。"视死忽如归"体现了一种英勇无畏的气概，也体现出一种极其勇敢和坚定的精神状态。面对国家的危难，毫不退缩、毫不畏惧，将死亡视为一种自然的归宿，展现出超越常人的勇气和魄力。

　　这一千古名句，激励着一代又一代中国人，在国家危难时挺身而出，为实现国家富强、民族复兴贡献自己的力量。抗日战争时期，狼牙山五壮士为了掩护群众和部队转移，毅然决然地把敌人引上了狼牙山棋盘陀峰顶绝路。在弹尽粮绝的情况下，他们临危不惧，英勇阻击，子弹打光后，用石块还击。面对步步逼近的敌人，他们宁死不屈，毁掉枪支，义无反顾地纵身跳下数十丈深的悬崖。抗美援朝时期，广大志愿军将士同仇敌忾，抗击了美帝国主义侵略者，用自己的血肉之躯筑起了一道坚固的钢铁长城。1952年10月19日晚，黄继光所在部队奉命夺取上甘岭西侧597.9高地，受阻于零号阵地。情势紧急，面对敌人的疯狂扫射，黄继光一跃而起，张开双臂，向火力点直扑上去，用胸膛堵住敌人的枪眼，壮烈捐躯，年仅二十一岁。这些勇敢的战士们用自己的生命，诠释了"捐躯赴国难，视死忽如归"的精神。

这句格言启示我们，要自觉树立以国家和民族利益为核心的价值观，把个人的生命与国家的命运紧密相连，为了国家的繁荣和安宁，为了人民的利益，不惜牺牲个人利益乃至自己的生命。

拓展阅读　　曹植，字子建，沛国谯（今安徽省亳州市）人。他自幼聪慧过人，十余岁便可援笔立成，文采斐然。由于深受其父曹操驰骋沙场、英勇赴敌的影响，曹植自幼便渴望建功立业。同时，曹植还是三国曹魏著名的文学家，建安文学的代表人物之一。曹植的诗文以笔力雄健、词采华茂见长，除诗歌创作外，他的散文和辞赋写作也取得了很大的成就。《白马篇》是曹植的重要代表作之一，创作于汉末天下大乱、社会动荡之际，反映了作者在国家危难之时的无畏精神和对国家民族命运的深切关怀，展现了作者面对生死考验时坚定与超然的态度。

鞠躬尽瘁，死而后已。

《 出处 》

三国·诸葛亮《后出师表》

《 译文 》

不辞辛劳，竭尽心力，贡献自己
的一切，到死为止。

◇ 解读 ◇　　诸葛亮在《后出师表》的末尾部分说道："凡事如是，难可逆见。臣鞠躬尽瘁，死而后已；至于成败利钝，非臣之明所能逆睹也。"这句格言反映了诸葛亮一心为国、夙夜在公的奉献精神。

"鞠躬尽瘁，死而后已"，即将自己的全部精力和心血都毫无保留地投入其中，不遗余力，这是一种纯粹而高尚的奉献精神，体现了对事业、对国家的无限忠诚。同时，这句格言也可以引申为对待工作的高度敬业态度，无论遇到多大的困难和挑战，都勇于担当，并坚持不懈地努力，直至完成任务。这句格言要求人们全身心地投入自己的事业中，以高度的责任感和使命感去对待每一项工作。

诸葛亮本人的确是"鞠躬尽瘁，死而后已"的典范。他的一生都在为蜀汉的发展与兴盛而努力。刘备三顾茅庐，他献上占据荆州、益州，进而联合孙权共同对抗曹操的三分天下之策。刘备接受他的建议，成功占据这两地，与孙权、曹操形成三足鼎立之势。刘备死后，诸葛亮作为托孤重臣，尽心尽力地辅佐刘禅，大小政事必亲自处理，赏罚严明。在诸葛亮的建议下，刘禅与东吴联盟，积极改善和西南各族的关系，并且实行屯田政策，加强战备建设，蜀汉的综合国力和军事实力得到明显提升。诸葛亮的一生始终致力于兴复汉室、一统天下的宏伟目标，他先后五次北伐中原，最终积劳成疾，于建兴十二年

（234）病逝于五丈原（今陕西省宝鸡市岐山县境内），享年五十四岁。刘禅追谥他为"忠武侯"。魏晋时期名臣、文学家、思想家傅玄高度赞扬他，指出："诸葛亮诚一时之异人也。治国有分，御军有法，积功兴业，事得其机，入无余力，出有余粮，知蜀本弱而危，故持重以镇之。"

这句格言启示我们，即使面临重重困难和挫折，也不应放弃、退缩，始终保持坚定的信念和顽强的毅力，为了实现最终的目标而奋斗到底。

拓展阅读

周恩来的一生都在为人民的幸福、国家的强大、民族的复兴而不懈奋斗。正如习近平总书记在纪念周恩来同志诞辰 120 周年座谈会上所指出的："周恩来同志是勇于担当、鞠躬尽瘁的杰出楷模。……我们要向周恩来同志学习，敢于担当责任，勇于直面矛盾，善于解决问题，以时不我待、只争朝夕的精神，以钉钉子精神落实好党的十九大作出的各项战略部署，努力创造经得起实践、人民、历史检验的实绩，无愧于时代，无愧于人民，无愧于历史。"

烈士之爱国也如家。

《 出处 》

东晋·葛洪《抱朴子·广譬》

《 译文 》

胸怀壮志的人热爱国家就好像热爱自己的家庭一样。

◈ 解读 ◈　　《抱朴子·广譬》中说："烈士之爱国也如家，奉君也如亲，则不忠之事，不为其罪矣。仁人之视人也如己，待疏也犹密，则不恕之怨，不为其责矣。"这句格言表达了对国家的忠诚和热爱之情。对于国家而言，我们每个人都是不可或缺的构成"细胞"。也正是因为有了国家这个"大家庭"，我们才能更好地成长、发展与进步。同时，这句格言还体现了坚定的责任担当。如同对家庭负有不可推卸的责任一样，一个人无论面对何种困难和挑战，都应当勇于承担自己对国家的责任，为国家的尊严、安全和发展而不懈努力。

唐朝著名诗人李商隐始终心系国家，树立了力促唐王朝中兴的伟大志向。对当时统治者不恤国事的现象，他予以强烈的谴责和抨击。他的《富平少侯》诗借汉喻唐，托古讽今，冷语讽刺，耐人寻味，表露了他对统治阶级腐败堕落、安于现状和不思进取、贪图享乐的厌恶之情，也表达了他对国家政局走向的忧虑。

在新时代的今天，也有无数"最可爱的人"，用生命诠释了"烈士之爱国也如家"的精神。解放军某机步营战士、一等功臣、戍边烈士陈祥榕是践行这一格言的榜样。2020年6月15日，在中国西部边陲喀喇昆仑高原加勒万河谷边境冲突中，他突入重围，营救战友，英勇战斗，奋力反击，毫不畏惧，直至英勇牺牲。他牺牲时还不满十九周岁。

陈祥榕烈士在生前曾写下"清澈的爱，只为中国"的战斗口号。事实证明，他也是这样做的。陈祥榕烈士用自己宝贵的青春、鲜血，乃至生命，守护了我们的祖国，守护了我们的人民，守护了我们的边防安全。

这句格言启示我们，每一个人都应关注国家的命运，以为国效力为己任。我们每个人作为"大家庭"中的一员，都应该将国家的前途与自己的命运紧密地联系在一起，为国家的发展尽心效力，把国家当作自己的家一样呵护。

拓展阅读

2019 年 2 月 3 日，习近平总书记在春节团拜会上讲话时强调："没有国家繁荣发展，就没有家庭幸福美满。同样，没有千千万万家庭幸福美满，就没有国家繁荣发展。"如今，我们正处于实现中华民族伟大复兴"中国梦"的关键时期，我们每个人与"中国梦"都具有密不可分的关联性。"中国梦"既是民族的梦，也是每个中国人的梦。个人的奋斗和进步离不开国家的护持，而国家的繁荣和富强也离不开每个中国人的努力。实现国家兴盛、社会和谐、人民幸福、共同富裕是我们共同的心愿和期盼。

尽忠报国。

《 出处 》

唐·李延寿《北史·颜之仪传》

《 译文 》

竭尽忠诚，不惜牺牲一切来报效
国家。

◈ **解读** ◈　　《北史·颜之仪传》中说："公等备受朝恩，当尽忠报国，奈何一旦欲以神器假人！"当时，北周宣帝刚刚去世，静帝尚年幼，有人企图将帝位交给别人。对此，颜之仪坚决反对，并激励大家尽忠报国，而不是为了个人利益出卖国家。

　　这句格言要求人们对国家保持坚定不移的忠诚，将国家的利益和荣誉放在首位，无论面对何种诱惑或困难，都不能背叛国家。"尽忠报国"四字，不仅仅是一种情感表达，更是一种实际行动的准则，激励着人们为了国家的尊严、独立和富强，挺身而出，奋斗不息。在中华民族的发展历史上，无数爱国志士视死如归、舍生取义，前赴后继、为民卫国。他们用行动乃至生命诠释了"尽忠报国"的爱国主义精神。

　　南宋抗金名将、军事家、战略家岳飞位列南宋"中兴四将"之首。他自幼便立下"尽忠报国"的志向，先后四次从军。他赏罚分明，纪律严明，治军有方。在他的指挥和调度下，岳家军先后收复郑州、洛阳等地，在郾城、颍昌大败金军。而且，岳家军作风优良，坚持"冻死不拆屋，饿死不掳掠"的原则，深得民心。岳家军也被金军所敬佩，他们如此评价："撼山易，撼岳家军难。"但是当时宋高宗和宰相秦桧目光短浅，一心求和。在宋金议和的过程中，岳飞遭受到秦桧、张俊等奸臣的陷害和诬告，最终被以"莫须有"的罪名毒死。岳飞一生光明磊落，尽忠报国，因此得到后世的高度赞扬和敬仰。明朝内阁首辅徐有贞评价他道："忠义勇智，皆得之天，非矫伪而为者，故能始终以恢复为己任。才与志副，名与实称，南渡以来，一人而已。"

拓展阅读

习近平总书记小时候，母亲齐心在中共中央党校工作，去母亲工作单位的路上有一家新华书店。他在自述《我的文学情缘》中回忆说："记得我很小的时候，估计也就是五六岁，母亲带我去买书。……我偷懒不想走路，母亲就背着我，到那儿买岳飞的小人书。……买回来之后，她就给我讲精忠报国、岳母刺字的故事。我说，把字刺上去，多疼啊！我母亲说，是疼，但心里铭记住了。'精忠报国'四个字，我从那个时候一直记到现在，它也是我一生追求的目标。"可以说，习近平总书记一路走来，为民服务、为国尽力始终是他心中不变的情怀。

但使龙城飞将在，
不教 ❶ 胡马度阴山。

《 出处 》

唐·王昌龄《出塞二首》（其一）

《 注释 》

❶ 教：令，使。

《 译文 》

倘若龙城的飞将军李广还在，就
不会让匈奴人马南下越过阴山。

解读 王昌龄的这首《出塞》，全诗为："秦时明月汉时关，万里长征人未还。但使龙城飞将在，不教胡马度阴山。"诗人以边塞为背景，通过描绘战争场景和英雄形象，营造出了雄浑壮阔的意境，诠释了英雄之魂和家国情怀。

"龙城飞将"一般认为指汉武帝时期的名将李广，他作战勇猛，令匈奴闻风丧胆，这里借指英勇善战的将领。"龙城飞将"有勇有谋，为守护家国和人民，做出了巨大的牺牲。他们镇守边疆，保卫中原地区的安定，他们的存在象征着对敌人的震慑。诗中反映了诗人对像李广那样能征善战、保家卫国的将领的怀念与渴望。当时边境战事频繁，国家需要有能力的将领来抵御外敌入侵，守护边疆安宁。诗人在诗中呼唤良将，希望能有人能像"龙城飞将"一样，保卫国家和人民。"不教胡马度阴山"意味着阻止外敌的侵扰，让边疆地区不再有战争的硝烟，使百姓能够安居乐业，过上和平稳定的生活。此外，诗中还隐含着对朝廷不能选贤任能的深刻批判。

西汉时期，匈奴屡屡侵扰中原边境，给中原人民的生活带来了极大的威胁。汉武帝时期开始大规模反击匈奴，霍去病作为杰出的将领，屡屡率军出征，与匈奴进行了多次激烈战斗。河西之战中，年少英勇的霍去病大破匈奴，战功赫赫。其"匈奴未灭，何以家为"之语，慷慨激昂，尽显忠勇。李白赞曰：

"汉家战士三十万，将军兼领霍嫖姚。"其英勇事迹，永载史册，激励后人。

古有镇守边疆的英雄，今有卫国护海的战士。王书茂，渔家出身，世代以捕鱼为生。作为一名光荣的南海民兵，他以守护南海、坚决捍卫我国领海主权为毕生的使命，始终坚守在这片蔚蓝之上。王书茂积极参与国家涉海事务，面对南海维权斗争，总是冲锋在前，无惧生死，立下了赫赫战功。面对外国渔船的侵扰，他毫不畏惧，用智慧和勇气守护着国家的尊严和安全。

拓展阅读

王昌龄，唐代著名边塞诗人。他被誉为"七绝圣手"，诗作涵括了边塞诗、离别诗、闺怨诗等多种类型。主要代表作有《从军行》《出塞》《芙蓉楼送辛渐》《闺怨》等。其诗绪密而思清，语言圆润蕴藉，音调婉转和谐，诗境雄浑开阔，自成一格。他被后人称为边塞诗的先驱，其边塞诗格调高昂、气势恢宏，既善于描绘边塞风光，又能捕捉将士的心理活动。

国破①山河在，城春草木深。

出处

唐·杜甫《春望》

注释

① 破：陷落。

译文

长安沦陷，国家破碎，只有山河依旧；春天到来，人烟稀少的长安城里杂草和树木茂盛生长。

解读 杜甫《春望》全诗为："国破山河在，城春草木深。感时花溅泪，恨别鸟惊心。烽火连三月，家书抵万金。白头搔更短，浑欲不胜簪。"此诗创作于唐玄宗末年的安史之乱期间。安禄山叛唐，攻陷潼关，唐玄宗逃往四川。随后，太子李亨继位于灵武。杜甫闻讯后，只身投奔朝廷，途中被叛军俘至长安。至德二年（757）的春天，杜甫目睹长安城因战乱而荒芜萧条的景象，心生无限感慨。

这两句诗以鲜明的对比描绘了一幅既苍凉又充满生机的画面，深刻表达了诗人对国家命运的忧虑、对自然界生生不息力量的慨叹。"国破山河在"，尽管国家已支离破碎，满目疮痍，但那连绵的山河依然如故。山河是国家的象征，是民族的根基。诗人强调山河依旧如故，表达了对祖国的深深眷恋。这种眷恋之情是爱国情怀的基础，它超越了政治和社会的变迁，纯粹，真挚。

"城春草木深"，春天来临时，即使是这座饱经战火摧残的城池，也迎来了草木的蓬勃生长。它们在废墟间顽强地绽放，将一片荒芜装点得绿意盎然。透过诗句，我们能感受到诗人对昔日繁荣昌盛的缅怀。曾经的长安城是多么繁华热闹，如今却杂草丛生，一片荒芜。通过今昔对比，诗人对国家失去往日辉煌的痛惜之情更加浓烈。这种情感是爱国情怀在特定历史背景下的深沉表达。

诗中虽然没有直接表达对国家复兴的渴望，字里行间却蕴含着这种强烈的愿望。诗人对破败景象的描写，实际上是在呼唤国家早日恢复安宁与繁荣。他对国家的热爱不仅仅停留在对过去的怀念和对现状的忧虑上，更体现在对国家未来的期望和憧憬中。这种对国家复兴的期盼是爱国情怀的重要体现，源于诗人对国家和民族未来的坚定信念。

**拓展
阅读**

闻一多，一位卓越的现代诗人、学者与民主斗士。在那个风雨飘摇的年代，他怀着深沉的忧国忧民情怀和对未来的坚定信念，以笔为剑，深刻揭露社会的黑暗与不公；更以一颗赤子之心，表达了对国家命运的深切忧虑和对人民疾苦的无限同情。《七子之歌·澳门》中道："你可知'妈港'不是我的真名姓？我离开你的襁褓太久了，母亲！但是他们掳去的是我的肉体，你依然保管我内心的灵魂。"以澳门之口，表达了对祖国的深深眷恋，至今读来仍令人动容。

先天下之忧而忧，
后天下之乐而乐。

《出处》

北宋·范仲淹《岳阳楼记》

《译文》

在天下人忧虑之前先忧虑，在天下人享乐之后才享乐。

解读

这句格言出自范仲淹《岳阳楼记》："不以物喜，不以己悲。居庙堂之高则忧其民，处江湖之远则忧其君。是进亦忧，退亦忧。然则何时而乐耶？其必曰'先天下之忧而忧，后天下之乐而乐'乎！"当时，范仲淹遭到政治异己势力的打压和排挤，被贬邓州，但他仍然心系国家、情牵民生。

"先天下之忧而忧，后天下之乐而乐"，体现了一种以天下为己任的宏大胸怀和担当精神，超越了个人的利益与情感，将自己的命运与国家、社会、人民的命运紧密相连，把为天下人谋福祉视为自己的责任和使命。同时，也体现了一种积极的忧患意识，倡导人们要有超前的忧患意识，在国家和社会尚未出现问题时，能够敏锐地察觉到潜在的危机，并提前谋划、积极行动，防患于未然。

这种爱国情怀与担当精神，深刻影响了后世无数知识分子的价值观和人生观，激励人们以天下为念，心怀家国。2009 年 12 月，黄大年放弃了在英国优厚的待遇，毅然决然地回到他的母校吉林大学任教，并为中国航空地球物理事业的发展辛勤耕耘。在回国后的短短七年时间里，黄大年带领的科研团队创造了多项"中国第一"，为我国"巡天探地潜海"填补了多项技术空白。

2016 年 12 月 8 日，黄大年因胆管癌住进医院。在病床上，黄大年仍然与同事、学生讨论科研进展和学术难题。2017 年 1 月 8 日，黄大年在长春逝世，享年五十八岁。黄大年以自己的实际行动，诠释了心有大我、至诚报国的爱国情怀。

这句格言启示我们，一个人不应只关注自身的得失与哀乐，而要以天下为己任，把国家的兴衰、百姓的苦乐放在首位，在国家和人民面临困难与忧患时，应主动担当，积极作为。

拓展阅读

范仲淹是北宋时期著名的政治家、文学家，被黄庭坚誉为"当时文武第一人"。理学大师朱熹曾称赞他为"有史以来天地间第一流人物"。的确如此，范仲淹文武兼备，智勇过人。他在为官期间，修捍海堰、赈灾济民，秉公直言、为民发声，主持并积极推行"庆历新政"，开北宋政治革新之先河。"居安思危，思则有备，有备无患。"中国古代的仁人志士以天下为己任，往往超越个人的名利和生死，始终把国家和百姓的利益放在首位。

居庙堂之高则忧其民，
处江湖之远则忧其君。

《出处》

北宋·范仲淹《岳阳楼记》

《译文》

在朝廷里做高官就应当心系百姓；处在僻远的江湖间也不能忘记关注国家安危。

◈ 解读 ◈　　《岳阳楼记》创作于庆历六年（1046），正值北宋王朝内外交困、政治腐败、民不聊生之际。范仲淹作为一位有远见卓识的政治家，深知国家兴亡，匹夫有责，因此无论是在朝为官还是退居江湖，都始终怀着对国家和人民的深深忧虑。

"居庙堂之高则忧其民，处江湖之远则忧其君"，体现了范仲淹的忧乐观和他作为士大夫的责任感、使命感。在范仲淹看来，无论个人身处何地、身居何职，都应将国家和人民的利益放在重要位置。具体来说，一个人身处朝廷高位时，有责任和义务去关心百姓的生活，为百姓谋福祉，解决他们的实际问题，让百姓能够安居乐业。当身处江湖之远、远离政治中心时，他虽然没有了直接参与朝政的机会，但仍然要心怀国家，为君主分忧，关注国家的政治局势。

孔子堪称爱国爱民的典范，他说："道之以德，齐之以礼，有耻且格。"意思是说，以道德引领国家，以礼教规范民众，则人民不但有廉耻之心，而且人心归服。他又言"道千乘之国，敬事而信，节用而爱人，使民以时"，强调统治者要节省开支，爱护百姓，役使百姓时要注意不误农时。这也体现了心怀天下苍生、爱民如子的民本思想。范仲淹作为儒家思想的践行者，充分发扬了儒家以民为本、心怀天下的思想，表现出作为士人的高尚情操。

这句格言在现代社会也有重要的启示意义。对于党员领导干部来说，要始终牢记为人民服务的宗旨，无论职位高低，都要把人民的利益放在首位，切实为人民群众办实事、解难题。对于普通民众来说，也应该有家国情怀，关心国家的发展和进步，积极参与社会事务，通过自己的努力，在各自的领域为社会发展添砖加瓦，以不同的方式关心和支持国家的建设。

拓展阅读

每个人都拥有自己的使命，而对于有些人来说，国家就是唯一信仰。罗阳，作为航空工业的杰出专家，他胸怀报国强军赤子之情，一生为航空事业的发展和民众的福祉全力以赴。

罗阳始终心怀民众与国家，引领航空科技自主创新潮流；且深入科研一线，坚守岗位，无私奉献，将科研成果转化为国家强盛的基石。2012 年 11 月 25 日，他在执行重要任务时突发疾病，不幸因公殉职。他以一名共产党员的赤诚之心和坚韧意志，践行了无私奉献、忠诚担当的崇高精神。

生当作人杰，死亦为鬼雄。

《出处》

南宋·李清照《夏日绝句》

《译文》

活着就要当人中的豪杰，死了也
要做鬼中的英雄。

解读 李清照《夏日绝句》全诗为"生当作人杰，死亦为鬼雄。至今思项羽，不肯过江东"，是作者在南渡避难时期所作。时值北宋灭亡，国家战乱频仍，李清照目睹山河破碎、故国沦丧，感慨无限。

"生当作人杰，死亦为鬼雄"两句发调惊挺，掷地有声。"人杰"出自《史记·高祖本纪》，是刘邦对张良、萧何和韩信的称赞之语。这三人各具才能，以非凡的智慧、卓越的才能和坚定的信念，辅佐刘邦成就大业。"鬼雄"出自屈原《九歌·国殇》："身既死兮神以灵，魂魄毅兮为鬼雄。"王逸解释道："言国殇既死之后，精神强壮，魂魄武毅，长为百鬼之雄杰也。"高度凝练的诗句鲜明而响亮地道出了李清照的人生价值观：无论生死都要做豪杰，为国捐躯，生死何惧！

这句格言的核心观点在于强调人生的卓越与不朽，无论生前与死后，都应追求不凡。人活着就要做人中的豪杰，为国家建功立业；死后要做"鬼雄"，追求精神的永恒和声誉的不朽。生前的卓越成就和死后的崇高声誉是评判人生价值的重要标准，应努力创造出属于自己的辉煌，让生命在有限的时间里焕发出无限的光彩。抗战时期，刘胡兰积极投身抗日救亡运动，参加村里的抗日儿童团，为八路军站岗、放哨、送情报。抗战胜利后，刘胡兰更加积极地参与革命斗争，斗地主，送公粮，做军鞋，动员青年报名参军。后来，刘胡兰因叛徒出卖而被捕。在敌人的威胁面前，她坚贞不屈，大义凛然，最终被残忍地杀害，年仅十五岁。她以一颗赤子之心，拥抱革命的火种；又凭一身浩然正气，铸就永恒的丰碑。

从更深层次上，这句格言激发了人们的爱国情怀，让我们意识到，个人的命运与国家的命运是紧密相连的；在国家面临危机和困境时，每个人都应该挺身而出，为国家的尊严和荣誉而战，不惜牺牲自己的生命。这种爱国精神和民族责任感，成为中华优秀传统文化中宝贵的精神财富，激励着中华儿女为了国家的繁荣富强和民族的伟大复兴而努力奋斗。

拓展阅读

李清照，号易安居士，齐州章丘（今山东省济南市章丘区）人，宋代著名女词人，婉约词派代表，被誉为"千古第一才女"，在中国文学史上占据着重要地位。李清照出生于书香门第，父亲李格非是当时著名的学者和散文家。她自幼生活在文学氛围浓厚的家庭环境中，聪慧过人，才华横溢。她出嫁后与丈夫赵明诚共同致力于书画金石的搜集整理。金兵入据中原时，李清照流寓南方，境遇孤苦。她的词作，前期多写悠闲生活，后期多悲叹身世，情调感伤。她善用白描手法，自辟途径，语言清丽。论词强调协律，崇尚典雅，反对以作诗文之法作词。李清照不仅在词的创作上成就斐然，在诗、文方面也有一定的造诣。她的诗如《夏日绝句》等，多抒发爱国情怀和对社会现实的感慨。

位卑未敢忘忧国。

《 出处 》

南宋·陆游《病起书怀》

《 译文 》

职位低微却从未敢忘记忧虑国事。

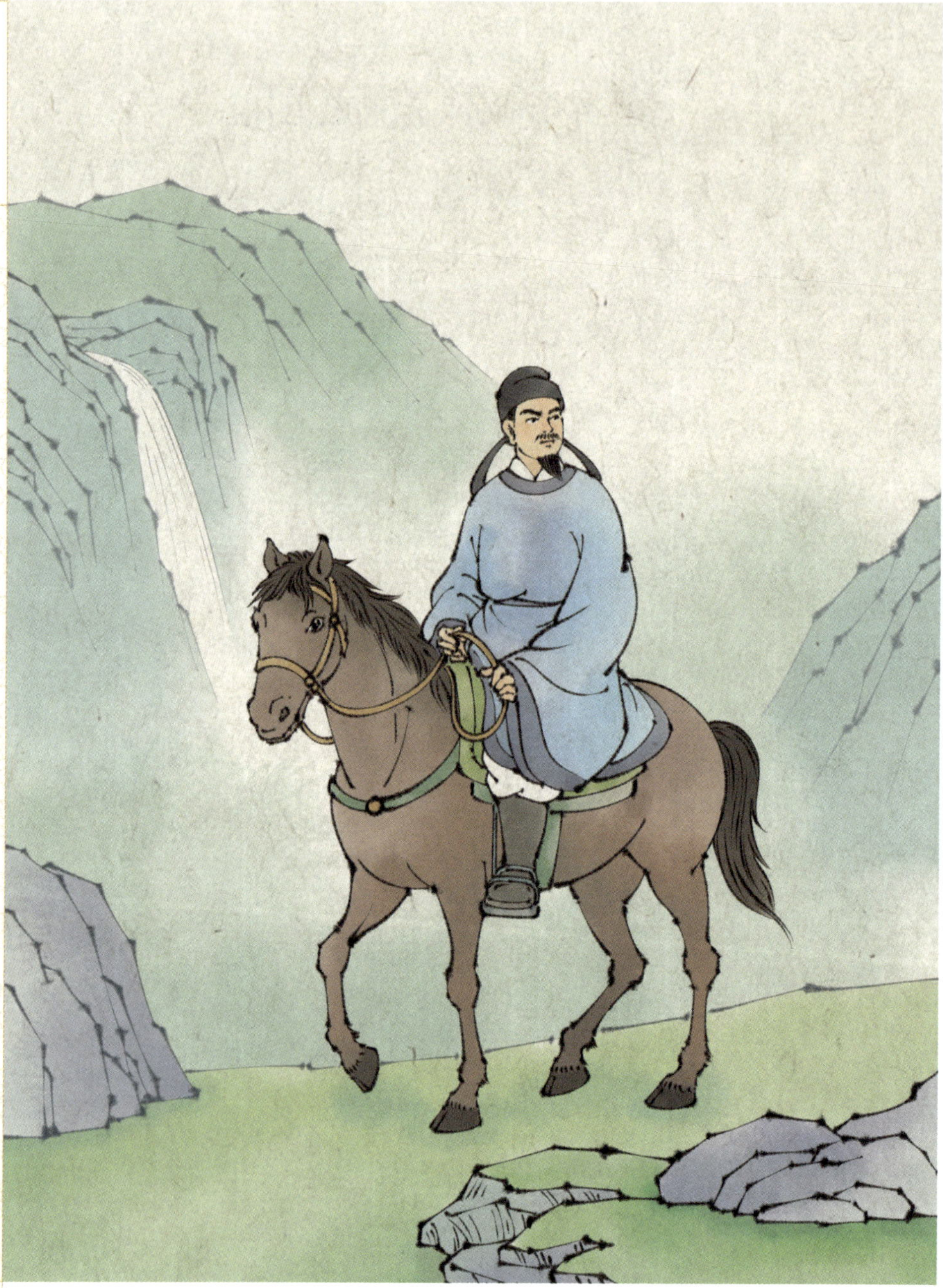

◈ **解读** ◈ 　　陆游在《病起书怀》中写道："病骨支离纱帽宽，孤臣万里客江干。位卑未敢忘忧国，事定犹须待阖棺。"诗人即便身处困境、地位低下，也从来没有忘记为国家担忧，时刻关心着国家的命运和前途。

　　"位卑未敢忘忧国"体现了陆游以天下为己任的高度责任感。他没有因为自己官职卑微、不被重用而对国家大事漠不关心。相反，他始终将国家的安危放在心上，认为自己即使是一个平凡的人，也有责任为国家的繁荣和稳定贡献自己的力量。这种责任感是中华民族传统美德的重要体现。

　　"位卑未敢忘忧国"也反映了陆游对国家的忠诚和热爱是无条件的、坚定不移的。无论个人遭遇怎样的挫折和磨难，无论国家的形势多么严峻，他都没有放弃对国家的希望，始终怀着一颗炽热的爱国之心。这种信念是支撑他在困境中坚持下来的精神支柱，也是激励后人的强大动力。

　　实际上，这句格言也是历朝历代爱国人士爱国之情的真实写照，是中华民族爱国主义精神谱系中的有机构成要素。晚清吴可读就是践行"位卑未敢忘忧国"爱国精神、厚植家国情怀的典范。吴可读出生于耕读世家，后来以举人身份出任伏羌（今甘肃甘谷）县学训导，主讲朱圉书院。嗣后，他又中进士，历任刑部主事、员外郎等职务。虽然他的职位并不显赫，但是在位期间，他始终忧国忧民，敢于为了百姓的利益直谏，不怕得罪权贵。

在甘肃主政期间，他还积极襄助文教事业，积极参与地方治理和团练等工作，有效推动了甘肃地方经济社会的发展。

"位卑未敢忘忧国"所体现的爱国主义精神，激励着一代又一代的中国人。无论我们身处何种地位、从事何种职业，都要关心国家的发展和进步，为国家的繁荣富强贡献自己的力量，为实现中华民族的伟大复兴而努力奋斗。

拓展阅读

2015年12月30日，习近平总书记在十八届中央政治局第二十九次集体学习时强调："祖国的命运和党的命运、社会主义的命运是密不可分的。只有坚持爱国和爱党、爱社会主义相统一，爱国主义才是鲜活的、真实的，这是当代中国爱国主义精神最重要的体现。"从习近平总书记的话语中可知，爱国主义精神激励着一代又一代中华儿女为祖国的繁荣富强而不懈奋斗。如今，随着社会的发展和时代的变迁，爱国主义的具体要求和内涵也发生了变化。当代中国，爱国与爱党、爱社会主义在本质上是完全统一的。

了却君王天下事，
赢得生前身后名。

◇ 出处 ◇

南宋·辛弃疾《破阵子·为陈同甫
赋壮词以寄之》

◇ 译文 ◇

我一心想替君主完成收复国家失
地的大业，获得世代相传的美名。

❀ 解读 ❀ "醉里挑灯看剑，梦回吹角连营。八百里分麾下炙，五十弦翻塞外声。沙场秋点兵。 马作的卢飞快，弓如霹雳弦惊。了却君王天下事，赢得生前身后名。可怜白发生！"辛弃疾这首悲壮的《破阵子》，根植于南宋初建时动荡不安的年代，金人的铁蹄给南宋朝廷带来了长期的威胁，危机重重。辛弃疾，这位南宋豪放词派的巨擘，一生以恢复河山为己任，却命途多舛，满腔热血空余恨，壮志未酬身先老。在这荡气回肠的词句里，他表达的是对国家统一的深切呼唤，是对君王矢志不渝的赤胆忠心。

当时，南宋偏安一隅，收复北方失地是许多爱国志士的共同心愿。辛弃疾渴望能够为君王完成这一重任，表现出强烈的报国之志。同时，辛弃疾也希望通过为国家效力，在战场上取得胜利，收复失地，使自己不仅在活着的时候能够得到人们的赞誉和认可，在死后也能被后人铭记，流芳千古。他追求个人荣誉，实则是希望自己的生命能够在为国家和民族的贡献中实现更大价值。

这句格言体现了辛弃疾以国家统一为己任的爱国精神和强烈的使命感。他将个人的命运与国家的命运紧密联系在一起，把收复失地视为自己的首要任务，愿意为了国家的利益牺牲一切。这种爱国精神是中华民族的宝贵精神财富，激励着后人在国家面临困难和挑战时挺身而出，贡献力量。同时，这句格言反映了辛弃疾渴望名垂青史的英雄主义情怀。他希望通过自己的努力和奋斗，在历史上留下光辉的一页，成为被后人敬仰的英雄。这种英雄主义情怀并非单纯的个人名利追求，而是建立在为国家和民族做出贡献的基础之上，体现了他对人生价值的深刻理解和对伟大事业的不懈追求。

这句格言在不同的历史时期，鼓舞着人们为国家和民族的利益而拼搏，激发着人们的爱国热情和民族自豪感，激励着一代又一代的中华儿女为了实现国家的繁荣昌盛，胸怀大志，勇于担当，不怕困难，努力奋斗。

**拓展
阅读**　辛弃疾，原字坦夫，后改字幼安，中年后号稼轩，山东东路济南府历城县（今山东省济南市历城区）人。他是南宋时期的官员、将领、文学家。辛弃疾属于"豪放派"，有"词中之龙"的美誉，与苏轼合称"苏辛"，与李清照并称"济南二安"。他的词作既充满了豪情与壮志，向读者描绘了金戈铁马、气吞万里的宏阔景象，又不乏浪漫主义色彩，尤其善于运用夸张和比兴寄托的写作手法，有《稼轩长短句》等著作传世。今人辑有《辛稼轩诗文钞存》。

夜阑 ❶ 卧听风吹雨，
铁马冰河入梦来。

《 出处 》

南宋·陆游《十一月四日风雨大作
二首》（其二）

《 注释 》

❶阑：残，将尽。

《 译文 》

夜深了，我躺在床上听到那风雨
的声音，迷迷糊糊地梦见自己骑
着披着盔甲的战马，跨过冰封的
河流，出征北方疆场。

解读　　　陆游此诗创作于晚年，当时他闲居在家乡，虽已年迈且身处逆境，但爱国情怀不减。夜深人静时，诗人聆听风雨声，梦中却骑着铁马跨越冰河，出征疆场。诗中表达了他对国家危亡的忧虑和对收复失地的强烈渴望。

陆游无论身处何种境地，都始终对国家怀着深深的热爱和忠诚。尽管他年事已高，身体多病，且处于闲居状态，远离朝廷，但他心中对收复失地的渴望丝毫没有减退。这种执着的爱国情怀是陆游精神世界的核心，也是支撑他一生的信念。从诗中，我们还能感受到陆游不屈的奋斗精神。他在现实中无法实现自己的理想，在虚幻的梦境中也不能暂忘，依然执着追求。在梦中，他驰骋沙场，为国家而战。这表明他在精神上从未向困难和挫折低头，始终保持着积极向上、勇于奋斗的精神状态，这种精神具有强大的感染力。

"夜阑卧听风吹雨，铁马冰河入梦来"所体现的爱国精神和奋斗精神，成为中华民族精神宝库中的重要财富，激励着后人坚守自己的理想和信念，为了国家的繁荣富强而努力奋斗。

中国工程院院士及"两弹一星"项目的重要开拓者——林俊德，一生埋名隐姓，在罗布泊坚守了五十二个春秋，凭借卓越智慧和毅力，成功研制出首台测量核爆炸冲击波的压力自记仪，为核试验精准测量提供了关键支持；他还带领团队完善了多种用于核试验的测量系统，为我国核试验顺利精准地推进提供了强有力的技术支撑。因长期高强度工作和身处恶劣环境，林俊德身患重病。但即使生命垂危时，他仍牵挂科研事业，在病床上忍着病痛的折磨，以惊人的毅力和顽强的斗志整理重要科研资料，留下宝贵财富。林俊德为国防科技和武器装备发展倾尽心血，直到生命的最后一刻。他痴迷科研，置生死于度外，心系国家科研大业；用生命谱写科研赞歌，成为不朽的精神丰碑。

拓展阅读

　　陆游，字务观，号放翁，越州山阴（今浙江省绍兴市）人，尚书右丞陆佃之孙。他是南宋时期的文学家、史学家、著名诗人。陆游少年时期深受家庭爱国文化熏陶，立志要保家卫国。他的诗歌，兼具李白的雄奇奔放和杜甫的沉郁悲凉，语言晓畅平易、情感真挚，章法严谨、笔法细腻。他存诗较多，今存九千多首。主要作品有《游山西村》《金错刀行》等。

王师北定中原日，
家祭无忘告乃翁。

出处

南宋·陆游《示儿》

译文

当大宋军队收复了中原失地的那一天到来之际，你们举行家祭，千万别忘了把这个好消息告诉你们的父亲。

◈ **解读** ◈　　陆游《示儿》全诗为"死去元知万事空，但悲不见九州同。王师北定中原日，家祭无忘告乃翁"。这首诗创作于嘉定二年的冬天，当时南宋朝廷苟安一隅，北方大片领土被金人侵占。此时八十五岁高龄的陆游一病不起，他预感自己时日无多，但仍对未能收复的北方失地挂肚牵肠。因此他带着遗憾给儿子们写下了这篇绝笔。诗作慷慨沉重，感情炽热，浓浓的爱国之情如同烈火般熊熊燃烧。

　　这两句诗体现了陆游深沉而执着的爱国精神。他在生命的最后时刻，个人的生死已经置之度外，唯一牵挂的是中原的收复。陆游生逢两宋之交，成长于宋金的战火之间，目睹了山河的破碎，一生渴望朝廷收复沦丧之地，不再屈膝求和；期盼百姓安居乐业，不再流离失所。在这首诗中，他以悲壮的口吻诉说着对收复中原的渴望。殷殷赤子情，拳拳报国心，他的每一个字都充满了力量，每一句话都饱含着深情，字里行间流露着对宋王朝命运的忧虑。

　　从诗句中，我们还可以感受到陆游对收复中原的坚定信念。尽管他一生经历了无数的挫折和失望，南宋朝廷的软弱和偏安让他的理想难以实现，但他直到临终都没有放弃希望，仍然坚信总有一天王师能够北定中原。

　　梁启超曾赋诗："诗界千年靡靡风，兵魂销尽国魂空。集中什九从军乐，亘古男儿一放翁。"写作此诗时的陆游已英雄迟暮，白发苍苍，诗中渗透着无限的悲伤与感慨、无限的辛酸与无奈，令人生哀，但那种坚定的信念、不屈的意志和他对收复中原的执着追求，又令人生敬。

"王师北定中原日，家祭无忘告乃翁"所体现的爱国精神，激励着一代又一代的中华儿女，为了国家的独立、民族的尊严而奋斗。

**拓展
阅读**

古有陆游的《示儿》，寄寓家国情怀，言犹在耳；今有蓝蒂裕之《示儿》，续写红色传承，志存高远。两篇《示儿》都表达了诗人对家国未来的期许。

1948 年，蓝蒂裕因叛徒出卖被捕，被关进重庆渣滓洞监狱。在狱中，蓝蒂裕在烟盒上给自己的儿子蓝耕荒写了遗诗《示儿》："你——耕荒，我亲爱的孩子，从荒沙中来，到荒沙中去。今夜，我要与你永别了。……今后——愿你用变秋天为春天的精神，把祖国的荒沙，耕种成为美丽的园林！"蓝蒂裕的绝笔，不仅是对儿子的嘱托，更是对后来人的勉励。

天下兴亡，匹夫 ❶ 有责。

《 出处 》

清·顾炎武《日知录·正始》

《 注释 》

❶ 匹夫：普通百姓。

《 译文 》

国家、民族的兴盛与衰亡，每个
普通百姓都有责任。

◆ **解读** ◇　　顾炎武《日知录·正始》原文为："保国者，其君其臣肉食者谋之；保天下者，匹夫之贱与有责焉耳矣。"近代学者梁启超先生据此概括提炼为"天下兴亡，匹夫有责"八字。这句格言表达了关于个人与国家关系的基本主张和价值立场。从这句格言中，我们可以感受到一种强烈的家国情怀。国家的富强抑或衰亡、民族的兴盛抑或式微，关乎每个普通百姓的切身利益。在国家面临危机时，每个人都不能置身事外，而应该挺身而出，贡献自己的力量。每个普通百姓都承担着爱国、护国、卫国的责任。每个人都应当关心社会的发展和进步，主动参与社会事务，为解决社会问题、推动社会发展出谋划策、贡献力量。这句格言能激发人们的社会责任感和主人翁意识，促进人们树立正确的国家观，认识到"小我"与"大我"的辩证关系。

　　历史上著名的爱国诗人屈原，始终将个人的命运与国家的兴亡紧密地联系在一起。他因忠言进谏遭到了令尹子兰和靳尚等人的仇视，被驱逐出国。但是他始终关心国家政治局势的发展。后来，楚国的郢都被秦军攻破，屈原不愿苟活于世，最终投江自尽。

　　作为中华优秀传统文化的重要组成部分，"天下兴亡，匹夫有责"所体现的爱国精神和担当意识，经过世代传承，已经深深融入中华民族的精神血脉之中，激励着中华儿女为了国家的独立、民族的复兴而不懈奋斗。东北抗日联军的主要创建者和领导人之一的杨靖宇将军就是践行"天下兴亡，匹夫有责"爱国精神的民族英雄。

面对日寇的数次"围剿"，杨靖宇将军充满斗志，展现出大无畏的革命精神。他曾说："革命就像火一样，任凭大雪封山，鸟兽藏迹，只要我们有火种，就能驱赶严寒，带来光明和温暖。"面对被日军重重包围和亲密战友牺牲、意志薄弱者叛变的困境，杨靖宇将军在绝粮数日后仍然坚持与敌军周旋。1940 年 2 月 23 日，杨靖宇将军壮烈殉国，年仅三十五岁。

**拓展
阅读**

习近平总书记曾多次引用"天下兴亡，匹夫有责"一语。比如，他在纪念中国人民抗日战争暨世界反法西斯战争胜利 69 周年座谈会上的讲话中强调："在中国人民抗日战争的壮阔进程中，形成了伟大的抗战精神，中国人民向世界展示了天下兴亡、匹夫有责的爱国情怀，视死如归、宁死不屈的民族气节，不畏强暴、血战到底的英雄气概，百折不挠、坚忍不拔的必胜信念。"的确，中国人民抗日战争的胜利是多方面因素共同作用的结果。中国共产党的正确领导、正义的战争性质、军队的作战能力、中国人民的广泛参与等都是不可或缺的关键因素。

苟①利国家生死以，
岂因祸福避趋之。

《出处》

清·林则徐《赴戍登程口占示家人
二首》（其二）

《注释》

① 苟：只要。

《译文》

只要对国家有利，即使牺牲自己
的生命也心甘情愿，难道会因为
有祸就躲避、有福就上前迎受吗？

解读 这句格言出自林则徐《赴戍登程口占示家人》。道光二十年（1840），英国用坚船利炮打开了中国国门。嗣后，清政府被迫与英国签订了中国历史上第一个丧权辱国的不平等条约《南京条约》，并割地赔款。坚决禁烟、抗击英军的林则徐被贬戍新疆伊犁。林则徐在古城西安与妻子离别即将赴伊犁时，在满腔悲愤中写下此诗："力微任重久神疲，再竭衰庸定不支。苟利国家生死以，岂因祸福避趋之？谪居正是君恩厚，养拙刚于戍卒宜。戏与山妻谈故事，试吟断送老头皮。"

"苟利国家生死以，岂因祸福避趋之"是一句极具感染力和号召力的爱国名言，体现了强烈的家国情怀和担当精神。一方面，它充分展现了林则徐将国家利益置于个人利益之上，为了国家不惜牺牲个人生命的无私奉献精神。林则徐没有因为自己遭受不公正的待遇和面临艰难的处境而抱怨或退缩，而是始终以国家的安危和利益为念。这种爱国精神超越了个人的荣辱得失，是一种纯粹而高尚的情感。另一方面，它也表现出一种勇敢无畏、敢于担当的精神品质。林则徐深知自己的行为可能会给自身带来严重的后果，但依然毫不退缩地去做对国家有利的事情。在国家面临危机和困难时，他没有选择明哲保身，而是勇敢地承担起自己的责任。

在国家面临困难和危机时，一代又一代的中华儿女以国家利益为重，勇敢地担当起自己的责任。1935年1月，方志敏所率领的部队在通过怀玉山封锁线时遭到国民党军优势兵力的攻击，多次突围未果。29日上午，他在怀玉山区的高竹山被俘。在狱中，他写下《可爱的中国》《清贫》《狱中纪实》等著名篇章，指出："敌人只能砍下我们的头颅，决不能动摇我们的信仰！因为我们信仰的主义，乃是宇宙的真理！为着共产主义牺牲，为着苏维埃流血，那是我们十分情愿的啊！"斩钉截铁的话语展现了他对党和人民的深厚情感和强烈的爱国之情。

拓展阅读　　林则徐，福建侯官人。他自幼勤奋好学，1811年考中进士，从此步入仕途。在官场中，他历任多种重要官职。虎门销烟是林则徐最为人熟知的壮举。19世纪30年代，英国等西方列强向中国大量倾销鸦片，导致中国白银外流，人民健康受到严重损害，国家实力削弱。1839年，林则徐被道光帝任命为钦差大臣，前往广东禁烟。他到任后，采取了坚决果断的措施，严厉打击鸦片走私，共收缴鸦片约237余万斤，并于6月3日至25日在虎门海滩当众销毁。这一行动向世界表明了中国人民反抗鸦片侵略、维护民族尊严的坚定决心，唤醒了中国民众的爱国意识，是中国近代史上反对帝国主义的重要史例。林则徐也因此被誉为"民族英雄"。

二　民族气节

不降 ❶ 其志，不辱 ❷ 其身。

《 出处 》

《论语·微子》

《 注释 》

❶ 降：意为降低、使落下。
❷ 辱：意为侮辱、使受辱。

《 译文 》

不降低自己的志向，不辱没自己的尊严。

◈ **解读** ◈　　这句格言是孔子对古代逸民伯夷、叔齐的评价。伯夷、叔齐作为商周之际的贵族，面对政权更迭时，二人做出了"义不食周粟"的选择，表达了对精神主权的捍卫与坚守。孔子作为儒家学派的创始人，提倡道德、礼义和仁爱，强调个人的道德修养。在这句话中，孔子通过评价伯夷、叔齐的行为，表达了自己对于不屈不挠、坚守原则者的赞赏。

　　在孔子看来，每个人都有自己的志向和追求，这是自我价值的重要组成部分。因此，坚守自己的志向和追求，就是坚守自我价值。同时，个人的尊严也是不可侵犯的，无论面临何种困境或诱惑，都应该保持自己的清白和名誉。这句话传达了一种积极向上、坚韧不拔的人生态度，体现了孔子对于人的尊重和关怀，也强调了个人在社会中的独立性和自主性。

　　1901 年，晚清驻俄公使杨儒与沙俄就东北问题谈判。沙俄欲强占东北，杨儒坚决拒绝签字，内外压力之下仍坚守立场。因担忧国事，他健康受损，但仍不屈服，最终清政府同意其意见。为了维护国家利益，杨儒顶着巨大压力艰难谈判，次年就在圣彼得堡病逝。

　　这句格言启示我们，在纷繁复杂的社会生活中，要始终保持自己的精神独立与人格尊严，坚守自己的道德底线和道德原则，自觉践行社会主义核心价值观。

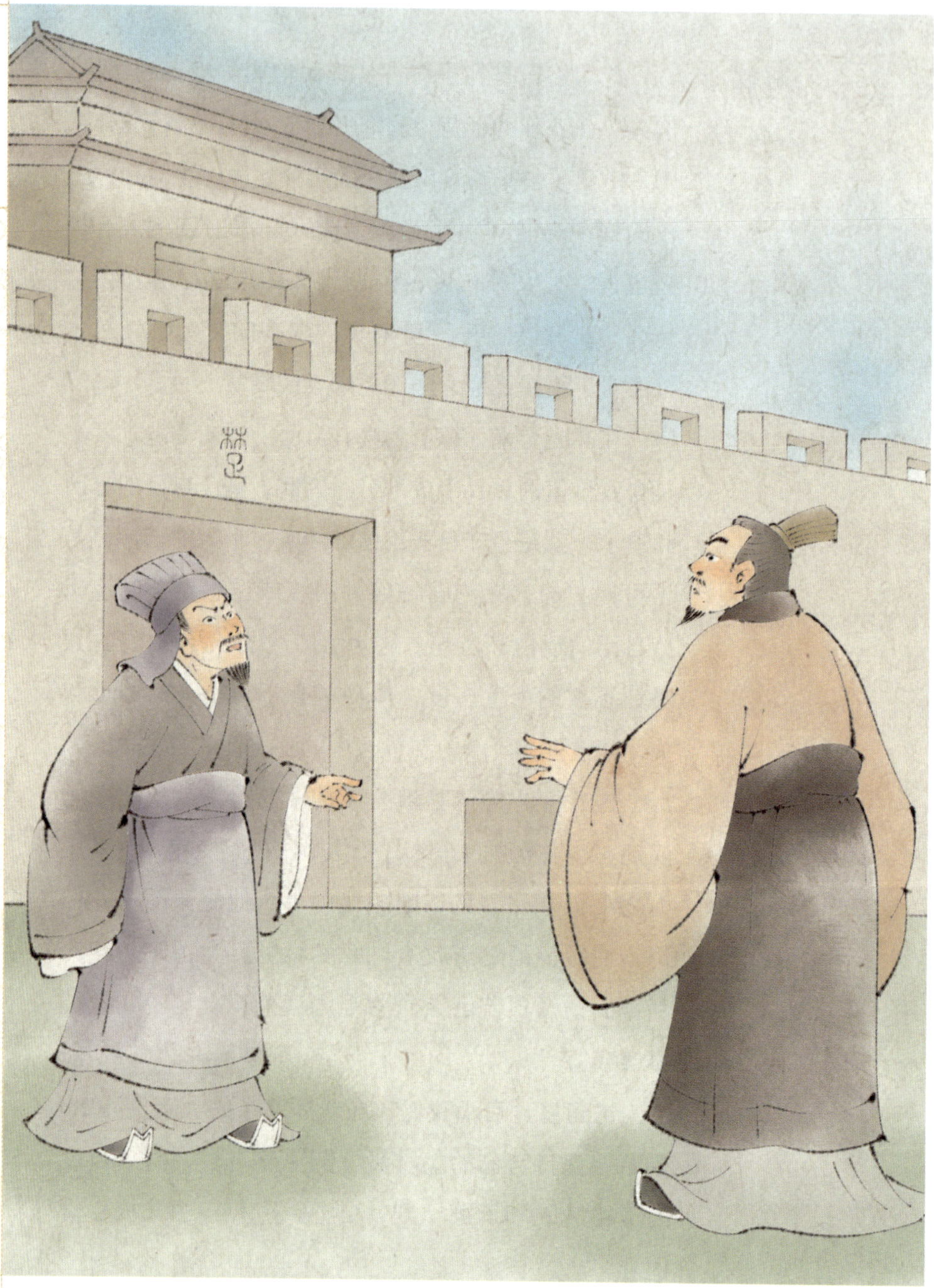
楚

拓展阅读　　晏婴，史称"晏子"，夷维（今山东省高密市）人，春秋时期齐国著名的政治家、思想家、外交家。有一次，晏婴出使楚国，因为晏婴个头不高，楚国人想趁机羞辱他，于是便在国门的旁边开了一个小门请他由此进入。对于楚国无礼的举动，晏婴沉着冷静，不卑不亢，反讽道，如果是出使狗国，那么自然应该从狗门进去；如今我奉命出使楚国，不应该从这个狗门进去。楚人只好带晏婴改从大门进去。这个故事生动地展现了晏婴高超的政治智慧和刚毅勇敢的品格，可以说是"不降其志，不辱其身"的生动写照。

岁 ❶ 寒，
然后知松柏之后 ❷ 凋也。

出处

《论语·子罕》

注释

❶ 岁：年。
❷ 后：晚，迟。

译文

岁末寒冬，才知道松柏树是最后落叶的。

◈ 解读 ◈　　这句格言通过"松柏之后凋"，来比喻君子在艰难困苦的环境中能坚持自己的节操；也强调了只有在困境中，经过严酷的考验，才能看出一个人的品质和意志。这是儒家以自然现象来隐喻人之品格的经典表达。对于个人而言，"岁寒"可以是乱世，也可以是遭遇各种挫折的低谷时期。一个有修养的君子无论是在乱世，还是在低谷，都是不会变节的，不会随意改变自己的志向。这句格言表达了对坚韧品质的赞美。儒家向来倡导"恒德"，正如《中庸》所强调的，君子要"择善而固执之"。

历史的长河中出现了许多面对困境依然坚贞不屈、保持节操的杰出人物，他们就像松柏一样。西汉苏武在出使匈奴时，因为副使张胜参与匈奴内部斗争而受到牵连，被长期扣留。面对匈奴的威逼利诱，他始终不屈不挠。在北海牧羊的十九年里，苏武历尽孤独和艰辛，却始终保持对汉朝的忠诚，不辱使命。他就像松柏在严寒中依旧青葱，经得住时间的考验。苏武牧羊的故事成为后世传颂的佳话。

这句格言启示我们，在面对困境和挑战的时候，要坚守住自己的信念和追求，拥有坚韧不拔的品质和顽强的毅力，像松柏一样不畏严寒，这样才能在逆境中成长、蜕变，最终取得成功。另外，松柏不会因为短期内的寒冷而动摇，这也提醒我们要用发展的眼光看问题，超越眼前的短期利益，着眼于长远规划，从而促进自身的可持续发展。

拓展阅读 　　《论语》是一部记述孔子及其弟子言行的典籍，由孔子弟子及再传弟子所编纂。《论语》是儒家经典之一，也是一部优秀的语录体散文集。《论语》集中体现了儒家学派的立场和观点，倡导"仁爱""中庸""学习""礼治"等核心价值理念。《论语》以简洁明快、质朴晓畅的语言风格向世人传达精深的义理。时至今日，《论语》依然具有重要的思想价值和理论价值。《论语》所强调的人文关怀、道德自律、严于修身、明德向善等主张，对于个人的成长、社会的和谐、民族的振兴具有重要意义。

富贵不能淫 ❶，贫贱不能移 ❷，威武不能屈 ❸。

《 出处 》

《孟子·滕文公下》

《 注释 》

❶ 淫：惑乱，迷惑。

❷ 移：改变。

❸ 屈：屈服。

《 译文 》

富贵不能乱我之心，贫贱不能变我之志，威武不能屈我之节。

◈ 解读 ◈　　这句格言出自《孟子》："富贵不能淫，贫贱不能移，威武不能屈，此之谓大丈夫。"在这里，孟子提出了"大丈夫"的标准。他认为，大丈夫应该心怀仁德，践行礼义，志在天下。得志时，要与百姓一同遵循正道而行。不得志时，要践行自己的正确主张不动摇，不因富贵、贫贱、强权而改变自己的信念和追求。

"富贵不能淫，贫贱不能移，威武不能屈"，气势磅礴、铿锵有力，充满浩然之气。孟子曾说："我善养吾浩然之气。"浩然之气是一股发自内心的磅礴力量，在孟子看来，它同"义与道"一起，至大至刚，无往不胜。涵养浩然之气，要做到"自反而不缩，虽褐宽博，吾不惴焉；自反而缩，虽千万人，吾往矣"。不管处境如何，我们应该坚持理想、志向和原则，正道直行。

"富贵不能淫"告诫我们，面对外在诱惑时要保持清醒的头脑，坚守自己的底线和原则。人生的价值不在于拥有多少财富，而在于内心的充实和思想境界的提升。北宋著名的政治家包拯虽然位高权重，但是一生都清廉俭朴、一心为民。"贫贱不能移"勉励我们，无论是在顺境还是困境中，要始终保持昂扬向上和积极进取的心态，不断超越自我、战胜自我，不断提高自身的社会适应能力。"威武不能屈"提醒我们，在面对社会不公时，要敢于维护社会的公平与正义，积极为百姓发声。

这句格言启示我们，在当代社会要始终恪守自己的初心、本心和理想、信念，守护好健康美好的精神家园。

拓展阅读

山涛是三国至西晋时期著名的政治家、玄学家，"竹林七贤"之一。山涛在任吏部尚书时，官场贪腐盛行。他对此深恶痛绝，对于前来送礼者，全部当面拒绝。鬲县令袁毅为了讨好山涛，曾趁他不在家，派人送去了一百斤上等蚕丝。山涛回到家后，便令家人把这些蚕丝悬挂于梁上而不用。后来袁毅劣迹败露，被官府治罪，凡是被他贿赂的人皆受到牵连。当官差到山涛府上询问时，山涛便把蚕丝交了出来。只见蚕丝虽已被虫蛀食，封印却完好如初。众人佩服他为官清廉，称他为"悬丝尚书"。

非梧桐不止，非练实不食，非醴泉❶不饮。

《 出处 》

《庄子·秋水》

《 注释 》

❶醴泉：甘泉。

《 译文 》

（鹓鶵）不是梧桐树就不栖息，不
是竹子所结的子就不吃，不是甘
甜的泉水就不喝。

解读 这句格言出自《庄子》："夫鹓鶵发于南海，而飞于北海；非梧桐不止，非练实不食，非醴泉不饮。"庄子通过描绘一种传说中的神鸟鹓鶵高洁的生活习性——它只栖息于梧桐树上，仅食用竹实，只饮用甘甜的泉水——来隐喻自己的道德追求和人生理想。

庄子通过描述鹓鶵对生活环境和食物的极高要求，体现了这种神鸟的尊贵与不凡，传达了一种对于品质与标准的极致追求，即只选择最优秀、最符合自己心意的事物，对于次品或不合心意者则坚决拒绝。他认为，真正的道德追求应该超越世俗的纷扰和束缚，追求内心的平静和自由，鼓励人们不要被名利所诱惑，要坚持自己的选择。

庄子认为，人应该像鹓鶵一样，保持自己的独立性和高洁品格，不被世俗的名利所诱惑和束缚。这实际上是庄子对世俗价值观的批判，体现了一种不随波逐流、洁身自好、坚韧不拔的民族气节。

"学问铸成大地的风景，他把心汇入传统，把心留在东方。"季羡林，一位学识渊博的国学大师，其人格魅力与学术成就并辉。他勤于治学，病中也勤勉不辍，以智慧探索中华文化精髓。季羡林先生的人格同样令人敬仰。他超凡脱俗，淡泊名利。在《病榻杂记》里，季老以一种豁达而通透的态度，"自摘"外界加于己身的"国学大师""学界泰斗""国宝"三大桂冠。他淡然一笑，说道："三顶桂冠一摘，还了我一个自由自在身。身上的泡沫洗掉了，露出了真面目，皆大欢喜。"

这句格言启示我们，要自觉树立远大的理想，塑造健康的人格。即便在浮躁的环境中，也要有一种持久深沉的价值追求。

拓展阅读

《庄子》又名《南华经》，是战国中后期庄子及其后学所著道家学说汇总。《庄子》主要反映了庄子的相对主义和神秘主义哲学观与人生观。《庄子》内容丰富、意蕴深刻，涉及哲学、政治、社会、艺术等方面。汉代以后，《庄子》与《老子》《周易》合称"三玄"。《庄子》的核心思想是倡导以"道"为中心的哲学理念。比如，《庄子》强调要顺应自然、无为而治，追求道德主体的精神自由。《庄子》作为道家学派的重要代表作，对"玄学"理论产生深远影响，也为后人提高自身道德修养和人生智慧提供了启迪。

非死者难也，处❶死者难。

《出处》

西汉·司马迁《史记·廉颇蔺相如
列传》

《注释》

❶处：对待。

《译文》

死并不是一件难事，难的是如何
面对死亡。

◈ **解读** ◈ 　　这句格言出自《史记·廉颇蔺相如列传》，是太史公司马迁对蔺相如勇敢面对秦王，以死保护国家宝玉和尊严之行为的评述，赞扬了蔺相如的智勇双全，特别是在生死关头所表现出的勇气和决心。

　　这句话告诉我们，死亡本身并不可怕，可怕的是如何面对它，如何在它面前保持冷静和理智。对于应该在什么时候、什么地方、什么事情上不怕死，对什么事情应该不轻言牺牲，要有正确的自处之道，这需要大智慧、大勇气，并不是盲目冲动。人固有一死，或重于泰山，或轻于鸿毛。生命价值的体现并不在于生命的长度，而在于我们如何度过这一生，如何在有限的时间里发挥无限的价值，如何在生前留下有意义的痕迹。这种对生命价值和尊严的尊重，对勇气和信念的崇尚，对于激励人们积极面对生活、追求真理和正义具有重要意义。死亡虽然是生命的终点，但在死后被人们铭记，才是生命价值的真正体现。

　　西汉政治家晁错为了加强中央集权，提高国家的治理效率和稳定性而进言削藩，但是损害了诸侯的利益，导致七国诸侯以"请诛晁错，以清君侧"为名举兵反叛。汉景帝听从袁盎之计，腰斩晁错于东市。晁错在面临生死抉择时，展现出了令人钦佩的从容与坚定。他深知自己的忠诚与信念将为国家带来福祉，即便牺牲个人生命也在所不惜。他的忠诚并非盲目地服从，而是基于对国家利益的深刻理解和执着追求。

这句格言启示我们，要树立一种健康的生死观和人生观，要乐观地面对生活和工作中的挫折甚至磨难，在面对生死抉择时要保持个人的尊严。在面对社会不公和邪恶时，我们要勇敢地站出来予以反抗，维护社会公平正义。

拓展阅读

《史记》是西汉史学家司马迁撰写的史书，是中国历史上第一部纪传体通史，记载了上至上古传说中的黄帝时代，下至汉武帝太初四年间共三千多年的历史。《史记》中保存了大量的珍贵史料，对于研究中国古代的历史具有重要的价值。司马迁在《史记》中通过本纪、世家、列传、表、书等不同体例，把历史人物与历史事件有机结合起来，使得历史记载更加具有系统性、完整性。另外，司马迁在编撰《史记》时，秉承"不虚美，不隐恶"的原则，客观记录历史事件和历史人物，对后世史学家产生了深远影响。

人固有一死，或重于泰山，或轻于鸿毛。

《出处》

西汉·司马迁《报任安书》

《译文》

人生本来就有一死，但有的人死得比泰山还重，有的人死得比鸿毛还轻。

◈ 解读 ◈　司马迁因替李陵辩护而触怒汉武帝，遭受了宫刑的残酷惩罚。在身心俱疲、尊严受损的艰难时刻，他收到了友人任安的来信，因此借《报任安书》这一封回信阐述了自己对于生死、荣辱、使命的深刻思考。

死亡，是每个人命定的归宿，无人可逃脱这既定的终章。在司马迁看来，死亡并不是生命的终结，而是生命的一种形式；不同的死亡方式，体现了不同的价值追求和人生态度。那些为国家、为人民、为真理而献身的人，他们的死亡具有崇高的意义，重于泰山；而那些为了一己私利而苟且偷生的人，他们的死亡则轻如鸿毛。

那些在逆境中屹立不倒，为崇高理想披荆斩棘、勇往直前的人们，他们的生命犹如挺拔的山峰，经受风霜雨雪而愈发巍峨。而那些在舒适中迷失自我，为蝇头小利苟且偷生、不择手段之辈，他们的生命就像漂泊无依的浮萍，外表看似光鲜，内里却是一片空虚。

南宋时期的奸臣秦桧，其行为之卑劣，品质之低劣，堪称历史之耻。他卖国求荣，不惜以国家的利益为代价，换取个人的荣华富贵。为了维护自己的权势和地位，他陷害忠良。秦桧的生命可以说是轻如鸿毛，毫无价值可言。

这句格言启示我们，要增强社会责任感，提高自己的理论素养和道德境界，让自己有限的生命更有价值、更加精彩。我们要切实做好自己的本职工作，担负起公民责任，自觉参加社会公益活动，不能为了金钱而迷失自己的初心，要把生命和精力投入有价值的创造性的活动，如知识传播、文化传承、思想宣传、乡村振兴等，以实现自己个人价值与社会价值的有机统一。

拓展阅读　　共产主义战士张思德是全心全意为人民服务的典范。1944 年 9 月，张思德带领战士们在陕北安塞县执行烧炭任务时，即将挖成的窑洞突然塌方。他奋力把战友推出洞去，自己却被埋在窑洞，牺牲时年仅二十九岁。毛泽东同志在张思德追悼会上亲笔题写了"向为人民利益而牺牲的张思德同志致敬"的挽词，并发表了题为《为人民服务》的著名演讲。他说："中国古时候有个文学家叫做司马迁的说过：'人固有一死，或重于泰山，或轻于鸿毛。'……张思德同志是为人民利益而死的，他的死是比泰山还要重的。"

不为穷❶变节，不为贱易志。

❖ 出处 ❖

西汉·桓宽《盐铁论·地广》

❖ 注释 ❖

❶穷：处境艰难。

❖ 译文 ❖

君子不会因为困窘而改变气节，
不会因为卑贱而改变志向。

◈ 解读 ◈　　这句格言出自《盐铁论》："古之君子，守道以立名，修身以俟时，不为穷变节，不为贱易志，惟仁之处，惟义之行。"这句格言体现了古代君子、士大夫的气节和操守。

　　这句格言出现的背景是公元前81年的"盐铁会议"。这是汉昭帝执政时期，由霍光组织召开的一次讨论国家现行政策的辩论大会。此次大会表面上是对"盐铁官营"制度的存废之争，实际上是儒家理想主义与法家功利主义之争。贤良文学派主张"德治天下""崇本抑末"，御史大夫桑弘羊等人则主张"法治天下""农商并举"。会议辩论的结果是，朝廷仅罢去郡国酒榷和关内铁官，其他各项政策仍维持不变。

　　苏轼是北宋时期著名的文学家、书法家、画家和政治家，他的一生几乎都在贬谪与漂泊中度过。仕途坎坷，但他并没有屈服，即使在饱受迫害的情况下，依旧坚持自己的政治主张。苏轼在被贬黄州期间，生活一度陷入困顿。他靠微薄的收入维持一家人的生计，甚至需要自己开荒种地。然而，即便在这样贫苦的环境中，苏轼也从未改变自己的节操和志向。他继续坚持文学创作，写下了许多脍炙人口的诗文，如《念奴娇·赤壁怀古》《赤壁赋》等，这些作品至今仍为世人所传诵。

　　苏轼始终保持乐观豁达的心态，善于从生活中寻找乐趣。在黄州时，他发明了"东坡肉"，将猪肉炖得烂熟入味，与朋友们分享美食的乐趣。

这种在逆境中还能够保持积极心态的精神，正是"不为穷变节，不为贱易志"的体现。这句格言启示我们，在面对贫困、挫折和逆境时，要保持清醒的头脑和坚定的信念，不轻易屈服于外界压力，始终保持初心。

**拓展
阅读**

《盐铁论》是西汉桓宽根据"盐铁会议"记录撰写的史书。《盐铁论》全书分为六十篇，第一篇至第四十一篇记录了会议正式辩论的过程和双方的主要论点。第四十二篇至第五十九篇主要记录了双方对外交策略、法制等问题的争论要点。最后一篇是后序。《盐铁论》是研究西汉时期的经济史、政治史的重要文献资料，也是世界上讨论国家政权与市场体系之间关系的较早的记载。总的来看，《盐铁论》为我们了解西汉时期的社会政策、政治制度、经济水平、思潮演进等提供了重要的资料。

玉可碎而不可改其白，
金可销❶而不可易其刚。

《 出处 》

北齐·刘昼《刘子·大质》

《 注释 》

❶销：熔化金属。

《 译文 》

玉可以被摔碎，但不能改变它洁
白的本质；金可以被熔化，但不
能改变它的刚性。

解读 这句格言表达了对坚韧不拔、坚守本心的志士仁人的赞美。这短短十几个字不仅仅是对金属与玉石物理特性的描述，更是对中华民族自强不息、刚毅勇敢精神的隐喻。这种民族精神如同基因密码一样深深地刻在中华文明的血脉之中，塑造着中国人的气节与品性。

在中国古代社会，人们常用自然物象来比喻人的品德和气节，如以玉喻德、以金喻贵等。玉虽然可以被摔碎，但其洁白的本质不会改变；金虽然可以被熔化，但其坚硬的特性依然存在。这句话正是借助玉和金，强调个体在面对外界压力和困境时，应坚守自己的信念和原则，就像"出淤泥而不染，濯清涟而不妖"的莲一样，在污浊的环境中也要保持自身的纯洁与高尚，不因外界环境的嘈杂和浮华而改变自己的本真。

东汉党锢之祸中，士人领袖范滂临刑前，其母对他说道："汝今得与李、杜齐名，死亦何恨？"母亲对儿子高尚品质的嘉许，正是对中华民族精神气节的深刻诠释。清末维新志士谭嗣同面对戊戌变法失败、慈禧政变，毅然选择留京，不避斧钺。被捕后，他坚贞不屈，宁死不改其志。在清末动荡污浊的时代环境中，他不为权势所动，坚守着自己的信念与理想，不惜献身。

这句格言启示我们，在面对困难和挑战时，不能因外界环境的变化而轻易改变，应该像玉和金一样，即使面临毁灭性的打击，也不轻易妥协或放弃，要保持对人生理想的执着追求。人生真正的价值和意义不在于刻意追求外在的完满，而在于追求内在心性与品质的美好。

拓展阅读

　　《刘子》，亦称《新论》《刘子新论》《德言》等，全书共十卷、五十五篇。这是一部以儒家思想为主题，同时兼收诸子思想，阐述治国方略并抒发建功立业政治抱负的著作。《刘子》博采儒、道、法、农、兵、纵横等各家理论主张，论述治国修身的方法与路径。《刘子》主张，儒家学说可以治国修身，道家学说可以全身美名。《刘子》是唐以前保存较为完好的杂家类著作，对于研究南北朝的历史和文化具有重要的参考价值。

不能为五斗米折腰。

出处

《晋书·陶潜传》

译文

不能为了微薄的俸禄而向权贵屈服。

✦ 解读 ✦　　这句格言出自《晋书·陶潜传》："潜叹曰：'吾不能为五斗米折腰，拳拳事乡里小人邪！'"这句格言强调，我们不能因为物质生活的困窘或者诱惑而丧失自己的人格、尊严，要始终坚守自己的骨气、志气和节操。陶潜，即东晋后期的大诗人、文学家陶渊明，被誉为"古今隐逸诗人之宗"，他的诗文充满了对自然、田园生活的热爱和对社会现实的批判。

　　东晋末年，门阀制度正处于鼎盛之际，时局动荡不安，朝政日益腐败，官场黑暗。陶渊明看不惯官场上的恶劣作风，不久就辞职回家了。后来在朋友的劝说下，陶渊明任彭泽县令，到任的第八十一天，碰到浔阳郡派遣督邮来检查公务，县吏说应当穿戴整齐，恭恭敬敬地去迎接督邮。陶渊明不愿为五斗米而折腰，毅然辞官归隐。这也是他最后一次做官。他本来可以因为做官而享有荣华富贵，但是不想以牺牲自己的人格和气节为代价，选择了艰苦的田园生活。这一行为体现了他对名利的淡泊和对自由、独立人格的执着追求。这句格言也成为后世文人墨客表达不慕名利之心的经典用语。

　　在古代社会，士人往往以"修身、齐家、治国、平天下"为己任。在面对官场的黑暗和腐败时，许多士人选择保持自己的气节和尊严，宁愿放弃功名利禄，也不愿与世俗同流合污。这种精神品质，不仅值得我们学习和传承，更是中华优秀传统文化的重要组成部分。

　　这句格言启示我们，每个人都是自己精神家园的创造者与守护者。我们应该护持好内心的"桃花源"，树立昂扬向上、积极进取的人生观与价值观，追求高雅情操，洁身自好，与人为善，不断提升自己的精神境界。

**拓展
阅读**

　　中国核武器研制工作的开拓者和奠基者邓稼先，被誉为"两弹元勋"。邓稼先一生始终坚守对国家和人民的忠诚和热爱，真正做到了他经常讲的"一不为名，二不为利，但我们的工作要奔世界先进水平"。他知道自己从事的是一项高风险、高压力的工作，但从未退缩，而是始终保持着高昂的工作热情和坚定的信念，为国家的核武器事业奋斗到了生命的最后一刻。邓稼先的事迹和精神激励了当时的科研工作者，也为后人树立了榜样。

宁为玉碎，不为瓦全。

出处

《北齐书·元景安传》

译文

宁愿做高贵的玉器而被打碎，也不愿做低贱的瓦器得以保全。

◈ 解读 ◈　　这句格言原文为："岂得弃本宗，逐他姓，大丈夫宁可玉碎，不能瓦全。"公元550年，北朝东魏孝静帝被丞相高洋篡位并毒杀后，东魏宗室远房宗族为求自保欲改姓高氏。元景皓坚决反对，称宁愿高贵地死去，也不愿为了活命而改姓受辱。

　　玉，自古以来便是纯洁、高贵的象征，它晶莹剔透，代表着人们对美好事物的追求与向往；而瓦则平凡、普通。当面临生死抉择，或是道德考验时，选择"玉碎"而非"瓦全"，是对高尚情操的坚守，对内心信念的执着。这句格言强调，人们在面对生死、荣辱、得失时，应坚守自己高贵的品质和精神追求，坚持自己的信仰、原则，不能苟且偷生、丧失气节。它提醒人们，在追求个人目标或利益时，不应以牺牲自己的尊严和原则为代价。即使面对再大的困难和诱惑，也要坚守内心的信念，否则就会失去自我，沦为平庸之辈。

　　在明末抗清战争中，史可法作为南明弘光政权的重臣，积极抵抗清军的入侵。在扬州抗清时，面对清军强大的攻势，他坚守城池，誓死抵抗。扬州城破后，他拒绝了清军的劝降，坚守气节，宁死不屈，最终被清军杀害。史可法的英勇事迹，体现了"宁为玉碎，不为瓦全"的精神，彰显了对国家和民族的忠诚，以及对信仰和原则的坚定信念。

　　这句格言启示我们，在追求人生目标的过程中，可能会遇到形形色色的困难和挑战，面临这样或者那样的压力。对此，我们不能轻易放弃，而是应该坚持正确的原则和立场，激流勇进，奋勇前行，在逆境和困境中始终保持敢为人先的精神。

拓展阅读　　《北齐书》，为"二十四史"之一，是由唐代史学家李百药编撰的一部纪传体断代史著作。此书主要记载了北齐王朝（550—577）从建立到灭亡的历史。全书共五十卷，包括本纪八卷、列传四十二卷。此书具有叙事简要、史实可靠的特点，部分叙述侧重于道德训诫和教化。另外，此书保存了大量的原始文献，比如诏令、奏疏等，是研究北齐时期政治、经济、文化、历史的重要文献资料，也为理解南北朝向隋唐转型提供了有益的分析视角。

穷且益坚，不坠青云之志。

出处

唐·王勃《滕王阁序》

译文

处境越是艰难，意志越要坚定，不能够放弃自己的高远志向。

◈ 解读 ◈　　"穷且益坚"四字虽然简洁，但蕴含着丰富的人生哲理。这里的"穷"，是指个人所处的环境很艰难。在这种艰难处境中，个体不仅不能被击垮，还要变得更加坚韧不拔。这种坚定的意志是支撑人克服困难、走出困境的重要力量。"青云之志"是高远、宏大的志向或梦想。这句格言鼓励人们在面对困境时不放弃追求，勇往直前。一个人只有心怀高远的志向，才能在人生的道路上走得更远、更稳、更精彩。即使身处贫困或困顿之中，只要保持坚定的信念和追求，就能够克服一切困难，实现自己的梦想和目标。

　　嵇康是三国时期曹魏著名的文学家、思想家和音乐家。他早年丧父，家境贫寒，但这些困难没有击垮他，反而更加坚定了他追求知识和理想的决心。嵇康励志勤学，在文学、玄学、音乐等多个领域都有非常深的造诣。嵇康的一生充满了坎坷和挫折，但是他始终保持坚定的意志和远大的志向。在曹魏后期政治动荡的年代里，他拒绝与司马氏集团合作，坚守自己的政治立场和道德原则。他的这种坚定和勇敢，使他成为当时社会的一股清流，也赢得了后人的敬仰和赞誉。

　　现代社会竞争激烈，人们的生存压力与日俱增，出现了"啃老"与"躺平"等社会现象。对此，我们应该清醒地认识到，困难是暂时的。我们不能甘于现状，碌碌无为，而应该提高自身的工作能力，取他人之长补己之短，在实践中不断反省自己，总结经验，拓展自己的视野，向着自己的人生目标奋勇前进。

拓展阅读

《滕王阁序》是唐代著名文学家王勃创作的一篇骈文，描绘了滕王阁的美丽景观和宴会盛况。文中的经典名句"落霞与孤鹜齐飞，秋水共长天一色"以生动简洁的语言，展现了令人陶醉和迷恋的自然景象。《滕王阁序》辞藻华美、结构严谨，情感真挚、章法有度，对于研究唐朝初期历史文化和文学理论具有重要的价值。《滕王阁序》是中国文学史上的瑰宝之一。

黄沙百战穿金甲，
不破 ❶ 楼兰终不还。

唐·王昌龄《从军行七首》（其四）

注释

❶ 破：打败，攻克。

译文

身边的将士们身经百战，铠甲都被黄沙磨穿了，但是他们的壮志没有灭，不打败侵犯的敌人就誓死不返回家乡。

❀ 解读 ❀　　这句格言出自唐代著名边塞诗人王昌龄的《从军行七首》（其四）。全诗为："青海长云暗雪山，孤城遥望玉门关。黄沙百战穿金甲，不破楼兰终不还。"诗人以壮阔的边塞风光为背景，描绘了戍边将士的艰苦生活，表达了坚定不移、誓死战斗的豪情壮志。其中，"黄沙百战穿金甲"一句写出了戍边时间的漫长、战事的频繁、敌军的强悍以及边境的荒凉。而"不破楼兰终不还"一句歌颂了戍边将士们誓死杀敌、保卫边疆的决心和勇气。这句格言也启示我们，在面对困难和挑战的时候，要坚守信念，勇往直前，不达目的誓不罢休。

　　汉朝通西域的使者班超，出生在一个文学世家，但他并不满足于只做一个文人。他有强烈的建功立业的愿望。当时，汉朝与西域诸国关系紧张，北匈奴控制西域并骚扰汉朝边境，班超凭借其卓越的口才和胆识获得皇帝的赏识，加入了远征军。在远征军中，班超立下了奇功，获得了出使西域的机会。班超在西域一待就是三十年，在这个过程中，他经历了数百次的大小战役。面对种种困难和挑战，他从未退缩过。他凭借着"不破楼兰终不还"的决心和勇气，使得西域五十多个国家称臣于汉王朝，并且大破匈奴，使匈奴元气大伤。他不仅为汉朝的边疆稳定做出了巨大贡献，也为西域都护府的巩固奠定了基础，成为古代历史中一个不朽的传奇。

这句格言启示我们，在面对困难和挑战的时候，要树立乐观向上的人生态度和积极进取的事业观，要坚守信念，勇往直前，不达目的誓不罢休；也勉励我们，要永远忠于国家、忠于人民，为国家利益和民族振兴奋斗终生。

拓展阅读

习近平总书记也引用过这句格言。比如，他在脱贫攻坚等重要工作中多次强调，党员领导干部要拿出"不破楼兰终不还"的劲头，攻坚克难，乘势前进。他指出："脱贫攻坚任务艰巨、使命光荣。各级党政部门和广大党员干部要有'不破楼兰终不还'的坚定决心和坚强意志，坚持精准扶贫、精准脱贫，切实做到脱真贫、真脱贫。"习近平总书记在庆祝中国共产党成立100周年大会上的讲话中代表党和人民庄严宣告，经过全党全国各族人民持续奋斗，我们实现了第一个百年奋斗目标，在中华大地上全面建成了小康社会，历史性地解决了绝对贫困问题，正在意气风发向着全面建成社会主义现代化强国的第二个百年奋斗目标迈进。

非其义，君子不轻 **❶** 其生；
得其所，君子不爱 **❷** 其死。

《 出处 》

唐·白居易《汉将李陵论》

《 注释 》

❶ 轻：轻视。
❷ 爱：吝惜、舍不得。

《 译文 》

不是为了道义，君子不轻易牺牲性命；如果死得其所，君子绝不顾惜生命。

◈ 解读 ◈　　这句格言，是对君子的道义观和生死观的一种阐述，将个体的生命价值与社会道义紧密结合起来。

君子既不会因为一时的安逸或私欲而放弃原则，也不会因为生命的脆弱而畏惧死亡。白居易认为，如果所行之事不是为了道义，君子不会轻易舍弃生命；而如果是为了道义，君子也不会吝惜自己的生命。也就是说，君子应该坚守道义，不为个人利益而轻易舍弃生命；但如果到了该做出牺牲的时候，也不应该吝惜自己的生命。这种观念超越了个人生死，将目光投向了更高远的理想和追求。君子的牺牲是为了更大的正义和真理，是为了后世子孙能够生活在一个更加公正、和谐的社会之中。

孟子有云："生，我所欲也；义，亦我所欲也。二者不可得兼，舍生而取义者也。"孟子此语，掷地有声，振聋发聩。在面对生命与道义的冲突时，君子的抉择，不仅是对个人品德的锤炼，更是对社会正义的捍卫。明清易代之际，黄宗羲、顾炎武等著名学者既不愿意为新朝效力，也不愿意选择愚忠殉节，而是投入思想启蒙与文化革新之中。他们这种"不轻其生"的智慧也展现了一种通达且睿智的生命观。

这句格言也启示我们，要正确地认识和理解"不轻其生"与"不爱其死"的辩证关系。"不轻其生"并不意味着要苟活于世，"不爱其死"也不意味着要盲目赴死，而是要在对生命的敬畏与对社会道义的忠诚中找到平衡点。

拓展阅读　　白居易，字乐天，号香山居士，又号醉吟先生。他是唐代现实主义诗人，也是唐代最高产的诗人之一，现存诗歌三千余首。其诗歌语言通俗易懂，富有生活气息。代表作有《琵琶行》《长恨歌》等，流传极广，对于唐代诗歌文化的发展具有重要的推动作用。另外，白居易在杭州任刺史期间，积极回应当地百姓的诉求，主持并修筑了西湖捍湖大堤，保证了农田灌溉和居民用水，得到当地百姓的广泛好评。

丈夫当为国，破敌如摧山。

出处

唐·韦应物《寄畅当》

译文

大丈夫应当为了国家而战，打败敌人就如同摧毁山峦一样。

解读　　这句格言出自韦应物《寄畅当》："……丈夫当为国，破敌如摧山。何必事州府，坐使鬓毛斑。"韦应物听闻朋友畅当的子弟被征召从军后，作此诗相寄。在他看来，大丈夫应当为国家而战。在中国传统文化中，"丈夫"通常指有担当、有责任感的成年男子。"丈夫当为国"句体现了诗人对国家和民族的深厚情感，强调个人应当承担起为国家效力的责任和义务。"破敌如摧山"句则进一步描绘了勇士们在战场上英勇无畏、势不可挡的形象。在殷商的甲骨文卜辞中，"国"字的字形是以戈守城之意，国家存续自古就是与个人命运联结在一起的。

　　李广是西汉时期的将领，以勇猛善战、忠心报国著称。他出身于军事世家，是秦朝名将李信的后代，自幼便立下了为国效力的志向。在汉文帝时期，李广因抗击匈奴有功而被授予了中郎护卫之职。在汉景帝时，他参与了平定七国之乱的战役，同时历任北部边境七郡的太守，为保卫边疆做出巨大的贡献。到了汉武帝时期，李广担任骁骑将军，出击匈奴，虽然因众寡悬殊而负伤被俘，但他佯死求生，最终成功逃脱并继续为国效力。李广一生战功赫赫，威名远扬。他用自己的实际行动诠释了"丈夫当为国，破敌如摧山"的豪情壮志。

　　这句格言启示我们，每个人都应该为守护国家领土完整和筑牢国家安全防线贡献力量，自觉地同分裂国家的行为坚决做斗争。

拓展阅读

习近平总书记在纪念中国人民志愿军抗美援朝出国作战 70 周年大会上的讲话中说："在他们中涌现出杨根思、黄继光、邱少云等 30 多万名英雄功臣和近 6000 个功臣集体。英雄们说：我们的身后就是祖国，为了祖国人民的和平，我们不能后退一步！这种血性令敌人胆寒，让天地动容！"正如习近平总书记所说，在抗美援朝战争中，面对强大的敌人，杨根思以"破敌如摧山"的气势，展现了中国人民志愿军战士的英勇和顽强。他的事迹和精神激励着无数战士勇往直前，为保卫祖国和人民的利益而奋斗。

男儿何不带吴钩，
收取关山五十州。

◈ 出处 ◈

唐·李贺《南园十三首》（其五）

◈ 译文 ◈

男子汉大丈夫为什么不带着武器，
去收复被藩镇割据的关塞河山
五十州呢？

解读　　李贺此诗全文是："男儿何不带吴钩，收取关山五十州？请君暂上凌烟阁，若个书生万户侯？"诗作表达了李贺对于藩镇割据现状的深深忧虑。诗人呼唤有志之士挺身而出，拿起武器，重整山河。这首诗充满豪情壮志和爱国热情，激励着人们为了国家的未来而奋斗。当我们将这句格言放在历史长河中仔细审视，不难发现，这反映了盛唐时期尚武之风的余韵以及士人群体的价值觉醒。

　　明朝时期的著名将领和民族英雄戚继光，一生都在为保卫国家安全、抵御外敌入侵而奋斗。戚继光在明朝抗击倭寇和蒙古入侵的斗争中表现十分出色。他率领军队多次击败外敌。特别是在抗击倭寇的斗争中，他创造了著名的"鸳鸯阵"，取得了辉煌的战绩，保卫了明朝的国家安全和领土完整。

　　无产阶级革命家和军事家贺龙，在其革命生涯中，展现出了非凡的勇气和智慧。他积极参与反帝反封建的斗争，曾三度入狱，威武不屈。在抗日战争期间，贺龙率领部队深入敌后，放手发动群众。他开辟了晋西北抗日根据地，其间粉碎了敌军多次"扫荡"，并在晋察冀边区指挥了著名的陈庄战斗。这些战绩除了展现他的军事才能以外，还体现了他为国家、为民族英勇奋斗的精神。

　　这句格言启示我们，在当代社会应该自觉担负起实现中华民族伟大复兴的历史责任，在遵守客观规律的前提下积极发挥个人的主观能动性，拓宽自己的视野，提升自己的本领，增强自己的能力；要有干事创业的进取心和为人民服务的奉献精神，不断挑战自我、超越自我，从而为社会进步做出应有的贡献。

拓展阅读

　　李贺，字长吉，河南府福昌县昌谷乡（今属河南省宜阳县）人，世称"李昌谷"，唐朝中期浪漫主义诗人。李贺与李白、李商隐并称"唐代三李"。李贺生活在唐朝中后期——一个社会动荡的时代。他的诗歌充满了对现实的批判和对未来的憧憬，蕴含着对国家和人民的深深忧虑。他被称为"诗鬼"，诗歌风格独特，想象丰富，语言瑰丽。他的作品在中国文学史上占有重要地位，对后世产生了深远的影响。

人生自古谁无死，
留取丹心照汗青。

出处

南宋·文天祥《过零丁洋》

译文

自古以来，有谁能够长生不死？我要留一片爱国的丹心映照史册。

解读 　　这句格言出自文天祥的《过零丁洋》，它表达了一种深沉而崇高的爱国情感，以及对个人生死和历史价值的深刻思考。"人生自古谁无死"，是对生命无常、死亡必然的客观陈述。它揭示了人类生命的一个基本事实：无论身份地位如何，每个人最终都将面对死亡。"留取丹心照汗青"，则是对生命意义的积极追求和崇高理想的表达。"丹心"在这里指的是忠诚、正直和坚定的信念，"汗青"则代指历史。虽然生命终将消逝，但我们应该留下忠诚正直的心迹，让它在历史的长河中闪耀光芒。这既是对个人品德的坚守，也是对历史责任的担当。作者通过对比生命的短暂与历史的永恒，强调了个人在历史进程中的价值和意义，鼓励人们在面对生死考验时保持坚定的信念和崇高的品德，为后人树立榜样，为历史增添光彩。

　　史可法是明朝末年的著名将领，他在扬州坚守阵地，面对清军的强大攻势，毫不畏惧，坚持战斗到底。最终，史可法以身殉国，他的忠诚和勇敢却一直为后世所敬仰。作为南宋末年的抗元英雄，文天祥在被捕后面对生死抉择时，坚守信念，不屈不挠，最终留下了这首千古绝唱，表达了自己宁死不屈的决心和对国家的忠诚。他的事迹和诗句激励着无数后人为了国家、民族和信仰而奋斗不息。

　　这句格言启示我们，要努力探寻生命存在的真正价值与意义。对当下的我们而言，生命价值的真谛在于要积极投身于中国特色社会主义事业之中，要绵绵用力、久久为功，厚积薄发、善始善成，要不畏生死，为追求真理、人类文明进步、社会健康发展贡献自己的一份力量。

拓展阅读

2013年3月1日，习近平总书记在中央党校建校80周年庆祝大会暨2013年春季学期开学典礼上的讲话中指出："中国传统文化博大精深，学习和掌握其中的各种思想精华，对树立正确的世界观、人生观、价值观很有益处。古人所说的'先天下之忧而忧，后天下之乐而乐'的政治抱负，'位卑未敢忘忧国'、'苟利国家生死以，岂因祸福避趋之'的报国情怀，'富贵不能淫，贫贱不能移，威武不能屈'的浩然正气，'人生自古谁无死，留取丹心照汗青'、'鞠躬尽瘁，死而后已'的献身精神等，都体现了中华民族的优秀传统文化和民族精神，我们都应该继承和发扬。"在习近平总书记看来，"人生自古谁无死，留取丹心照汗青"的爱国精神是中华民族精神谱系的重要组成部分。

饥死真吾志，梦中行采薇。

南宋·文天祥《南安军》

《译文》

饿死真的是我的志向，在梦中我也像伯夷、叔齐那样采薇充饥。

❀ 解读 ❀　这句格言出自文天祥《南安军》："梅花南北路，风雨湿征衣。出岭同谁出？归乡如此归！山河千古在，城郭一时非。饿死真吾志，梦中行采薇。"这首诗是文天祥在被元兵俘虏北行途中，经过南安军时所作。当时，文天祥面临着生死考验。他选择了坚守节操，宁死不屈，表现出了对国家的忠诚和对民族的热爱。"饥死真吾志，梦中行采薇"表达了坚定的决心和勇气，即使在梦中也保持着清醒的头脑和高尚的品格，不愿向敌人低头。

　　伯夷和叔齐是商朝孤竹国的王子。孤竹国国君在世时，立叔齐为继承人。然而，当国君去世后，叔齐却坚决要让位给哥哥伯夷。伯夷认为按照传统应该尊重父亲的遗愿，于是推辞不受。两人逃到了周国。周武王伐纣灭商后，伯夷和叔齐拒绝食用周朝的粮食，认为这是对故国的背叛。他们选择隐居在首阳山，采薇而食，最终饿死。尽管生活艰辛，但他们始终坚守着自己的信念，不愿向周朝屈服。伯夷和叔齐宁愿饿死也不愿背叛故国，诠释了忠诚与气节的重要性。

　　江竹筠是中国共产党地下时期重庆地区组织的重要人物。在解放前夕，她不幸被捕入狱。在狱中，国民党军统特务对她用尽酷刑，甚至将竹签钉进她的十指。但江竹筠的回答是："竹签是竹子做的，共产党员的意志是钢铁铸成的！"面对敌人的严刑拷打和威逼利诱，她始终坚守信仰，宁死不屈。她宁愿牺牲自己的生命，也不愿背叛党和人民的事业，展现了真正的革命精神和英雄气概。

这句格言启示我们，要在人生的困境中保持冷静，守住本心，不能人云亦云、随波逐流，从而丧失自己的独立性。要护持初心，破浪前进，为了自己理想不懈奋斗。

拓展阅读

文天祥，初名云孙，字宋瑞，又字履善，江南西路吉州庐陵县（今江西省吉安市青原区富田镇）人。他是南宋时期著名的政治家、文学家。他与陆秀夫、张世杰并称"宋末三杰"。文天祥的诗文气势豪放、情感真挚，展现了忧国忧民的情怀和保家卫国的壮志。他被元军俘虏后，屡经威逼利诱和酷刑拷打，始终坚韧不拔、宁死不屈，最终从容就义。他的爱国精神和高尚品格为后人所敬仰，在明代，被追赐谥号"忠烈"。

时穷节❶乃见❷，
一一垂丹青。

《 出处 》

南宋·文天祥《正气歌》

《 注释 》

❶ 节：气节。
❷ 见：同"现"，表现，显露。

《 译文 》

时运艰危，人的气节才能够显露出来，他们的光辉形象会永远载入史册。

解读　这句格言强调了气节在危难时刻的重要性。我们在判断一个人的品质的时候，不能只看他在顺境中的表现，更要看他在逆境中的坚守和担当。只有那些在危难时刻仍然能够坚守气节、不屈不挠的人，才能真正赢得历史的尊重和铭记。同时，这句格言也提醒我们，历史是公正的裁判者，会客观地记录和评判每一个人的行为和品质。那些在历史危难时刻坚守气节、勇于担当的人，他们的光辉事迹会被历史所铭记，成为后人学习和敬仰的楷模。我们在面对困难和挑战时，只有保持坚定的信念和崇高的品德，才能在历史的长河中留下自己的光辉足迹。

文天祥在《正气歌》中写道："为颜常山舌。"这里的"颜常山"指颜杲卿，诗句表达了对颜杲卿忠贞不屈品格的赞美。颜杲卿是唐朝的忠臣和英雄，在安史之乱期间，作为常山太守，展现出了非凡的勇气和智慧。他面对安禄山的叛军，不仅没有被吓倒，还积极组织抵抗，成功切断了叛军南北之间的联系。

颜杲卿的军事才能和坚定信念，使得河北地区掀起了一股反抗安禄山的风暴。然而，由于叛军势力强大，颜杲卿在坚守常山的过程中不幸被俘。面对敌人的威逼利诱，即使被钩断舌头，他依然不屈不挠，最终惨遭杀害。颜杲卿的忠诚和勇敢，为后世所传颂。

拓展阅读

2015年9月2日，习近平总书记在颁发"中国人民抗日战争胜利70周年"纪念章仪式上的讲话中指出："在抗战英雄身上，充分展现了视死如归、宁死不屈的民族气节。'时穷节乃见，一一垂丹青。'日本军国主义侵略者极其残暴，以惨绝人寰的手段对待中国人民，企图以屠杀和死亡让中国人屈服。面对侵略者的屠刀，中国人民用血肉之躯筑起新的长城，人人抱定必死之心。成千上万的英雄们，在侵略者的炮火中奋勇前进，在侵略者的屠刀下英勇就义，彰显出中华民族威武不能屈的浩然正气。"

粉身碎骨浑不怕，
要留清白在人间。

出处

明·于谦《石灰吟》

译文

即使粉身碎骨也毫不惧怕，要把
高尚气节留在人世间。

解读　　这首诗全诗为："千锤万凿出深山，烈火焚烧若等闲。粉身碎骨浑不怕，要留清白在人间。"此诗创作于于谦少年时期。他曾路过一座石灰窑并目睹了石灰石在烈火的焚烧下，由青黑色转变为纯白色的过程，这一景象深深触动了他。石灰石经历烈火，最终化为纯白的石灰，让于谦联想到了人生的磨砺与坚守。他借石灰自喻，表达了自己不畏艰难、坚守高洁情操的决心。

"粉身碎骨浑不怕"，表达了面对极端困境或生死考验时的无畏态度，"清白"不仅指个人品德的纯洁无瑕，更象征着正义、真理和道德的永恒价值。在于谦看来，身体的毁灭并不可怕，可怕的是失去原则和底线，失去对清白和正义的追求。于谦通过这首诗，向世人传达了一个信息：即使身处逆境，甚至面临生命的威胁，也要坚守自己的道德底线，保持清白的操守，为后人树立榜样，让正义和道德的力量在人间永存。

海瑞，明朝中期的著名清官，堪称清廉与正义的化身。他面对权贵毫不畏惧，敢于直言揭露腐败，即使因此遭受打压和排挤，也毫不退缩。海瑞坚守原则，清廉正直，不徇私情，为百姓请命，整顿吏治，即使面临生死考验，也毫不动摇。海瑞的精神激励着后人追求真理，坚守清白和原则，为社会的公平和正义贡献自己的力量。

随着社会的发展与进步，个体不再是被动接受道德规训的客体，而是具有独立判断能力的主体。我们应该主动构建"真善美"良好社会生态，用中华优秀传统文化来滋润心灵、提高修养、提升品格，用马克思主义理论来洞察时代、观察时代、引领时代。

拓展阅读

于谦，字廷益，号节庵，浙江杭州府钱塘县（今杭州市上城区）人。他是明朝著名的政治家、军事家、民族英雄。于谦为人正直，清廉忠厚，嫉恶如仇，敢于为民请命。另外，他在担任兵部尚书期间，注重整饬军备，提升将士作战能力，巩固边防，加强军队建设，使得明朝边防得以安定。《明史》评价他为"忠心义烈，与日月争光"。他与岳飞、张煌言并称为"西湖三杰"。

财贿不以动其心，
爵禄不以移其志。

《 出处 》

明·罗贯中《三国演义》

《 译文 》

财物贿赂不能动摇他的心神，爵位俸禄不能改变他的志向。

◆ 解读 ◆　　这句格言出自《三国演义》。关羽降曹后，曹操以爵禄财贿笼络。关羽不为所动，得知刘备消息后毅然离去。曹操赞赏其忠义，赞曰"财贿不以动其心，爵禄不以移其志"。

这句格言体现了中国传统文化对于理想人格的追求和塑造，以及对于个人品德修养的重视。它认为，真正的价值在于内心的平静与自由，而非外在的财富和地位；在面对外界的诱惑和考验时，个人应坚守自己的信念和理想，保持内心的坚定和纯粹，不为世俗的名利所动摇。这与孔子"不义而富且贵，于我如浮云"的价值理念如出一辙。

对于社会来说，只有越来越多的人能够坚守内心的信念和原则，不为外界的诱惑所动摇，社会的整体道德水平才能得到提升，才能形成积极向上、健康和谐的社会风尚，为社会的繁荣稳定提供有力保障。

孔子的学生闵子骞，在面对权势和利益的诱惑时，坚守了内心的原则。季氏曾请闵子骞担任费地的行政长官，但闵子骞拒绝了这一职位。他认为功名、富贵如浮云，不愿为这些外物所累。闵子骞的行为展示了"爵禄不以移其志"的高尚品质，他淡泊名利，注重内心的修养和品德的提升，成为后世学者的楷模。东汉时期，杨震曾拒收"暮夜金"，称："天知，神知，我知，子知，何谓无知！"他坚守清名，受到广泛赞誉。总之，这句格言以简要的语言表达了君子的价值立场，对于个人修身明德具有重要的指导作用。

这一格言启示我们，在物质诱惑面前，个人应坚守内心的道德底线和原则，不为财富所动；在地位和权力面前，个人应追求更高尚的精神目标，而非世俗的功名利禄。

拓展阅读

《三国演义》是中国四大古典名著之一，也是中国第一部长篇章回体历史演义小说，全名为《三国志通俗演义》，又称《三国志演义》。此书主要描写了从东汉末年到西晋初年之间的历史发展和政治嬗变，大体可分为黄巾之乱、董卓之乱、群雄逐鹿、三国鼎立、三国归晋几个部分，讲述了从东汉末年群雄割据混战，到魏蜀吴三国鼎立，直至司马炎统一三国、建立晋朝的故事。此书以描写战争为主，在情节发展中又详写谋略，具有极高的文学价值、军事价值。

我自横刀向天笑，
去留肝胆两昆仑。

清·谭嗣同《狱中题壁》

《 译文 》

面对带血的屠刀，我仰天大笑。
去者和留者肝胆相照、光明磊落，
有如昆仑山一样的雄伟气魄。

《狱中题壁》是谭嗣同在戊戌变法失败后，被捕入狱期间所作。诗中展现了谭嗣同面对生死抉择时的无畏与豪迈，以及他对革命事业的坚定信念。

"我自横刀向天笑"描绘了面对屠刀时的英勇姿态，表现出一种超越常人的勇气和乐观态度。"去留肝胆两昆仑"则表现了这种情感与意志的崇高与伟大，如同巍峨的昆仑山一般坚不可摧。诗作既表达了谭嗣同对友人的深厚情谊，也展现了他对国家、民族未来的期望和信念。

明末抗清英雄夏完淳，自幼聪明好学，才华横溢。在父亲夏允彝的影响下，他早年便投身于抗清斗争，展现出非凡的勇气和智慧。面对清军的强大攻势，夏完淳没有选择逃避或屈服，而是毅然决然地拿起武器，保卫家园。在抗清斗争中，夏完淳多次身先士卒，冲锋陷阵，展现了杰出的军事才能和坚定的信念。然而，由于种种原因，夏完淳的抗清斗争最终未能取得胜利。1647年，他被清军俘虏。面对威逼利诱，他坚贞不屈，慷慨就义，年仅十七岁。他的英勇事迹和崇高精神将永远激励着后人不断前行。

这句格言启示我们，无论处于怎样的境遇，都应保持坚定的信念和立场，时刻把国家、民族、人民的利益放在最高的位置，为推动社会进步做出贡献。

拓展阅读

谭嗣同，字复生，号壮飞，湖南浏阳人。他是清末维新派的政治家、思想家，也是"戊戌六君子"之一。维新变法期间，谭嗣同积极宣传变法主张，创建新学，筹建算学馆，协助光绪帝推行新政。他的代表作有《仁学》《寥天一阁文》等。《仁学》主要阐述资产阶级民权、平等思想，有力批判了中国的封建专制制度，产生了较大的影响。他的诗文感情真挚，雄健刚毅。总的来说，谭嗣同具有高尚的情操和浓烈的爱国情怀，是一位进步人士。

只解 ❶ 沙场为国死，
何须马革裹尸还。

◈ 出处 ◈

清·徐锡麟《出塞》

◈ 注释 ◈

❶ 解：知道，懂得。

◈ 译文 ◈

战士只知道在战场上要为国捐躯，
何必去想将来战死后将尸体运回
家乡。

解读　　徐锡麟《出塞》全诗为："军歌应唱大刀环，誓灭胡奴出玉关。只解沙场为国死，何须马革裹尸还。"其中，"马革裹尸"这一典故源自古代战场上的丧葬习俗。在古代，由于战争环境恶劣和交通不便，战士们死后往往无法将尸体运回故乡安葬，因此人们就用马皮来包裹尸体以示尊重和哀悼。这一习俗逐渐演变成了"马革裹尸"的成语，用来形容战士们死后以马皮包裹尸体归葬的悲壮情景。"只解沙场为国死"，表达了对于战争的无畏与对国家的忠诚，战士们为了国家的安宁和民族的尊严，不惜献出自己的生命。"何须马革裹尸还"，进一步强调了战士们视死如归的气概。既然已经决心为国捐躯，那么死后是否能用马皮包裹尸体归乡，就显得不那么重要了。

作者徐锡麟是近代资产阶级革命家、诗人，他于1906年创作了这首七言绝句。当时的中国正面临着内忧外患的严峻挑战，国家命运悬于一线。徐锡麟曾在吉林、辽宁一带察看形势，一路走来，有很多的感想，深知国家的危难和民族的苦难，因此通过诗歌来表达自己的愤慨和决心。这句格言表达了作者的战斗决心和为国捐躯、视死如归的革命精神。它激励着人们为了国家的未来和民族的尊严，勇敢地站出来，并不懈奋斗。

这句格言启示我们，生命的价值在于奉献和付出。我们要摒弃功利主义思维，追求崇高的理想。我们要自觉地把个人的命运融入国家、集体、民族之中，警惕历史虚无主义、民族虚无主义不良思潮，坚守共产主义精神家园，以"功成不必在我"但"功成必定有我"的豪情斗志，推动国家和社会的长远发展。

拓展阅读

左权是黄埔军校一期生，他于1925年加入中国共产党，是中国工农红军和八路军高级将领。左权在抗日战争中，不仅指挥了多次重要的战役，还积极参与了敌后游击战争，为巩固和扩大抗日根据地做出了巨大的贡献。他深知战场的残酷，但从未退缩过，始终坚守在战斗的最前线。1942年5月，日军对太行抗日根据地发动大"扫荡"，左权将军在反"扫荡"作战中，不幸壮烈牺牲，年仅三十七岁。

三　民本思想

民惟 ❶ 邦 ❷ 本，本固邦宁。

《 出处 》

《尚书·五子之歌》

《 注释 》

❶ 惟：是，为。
❷ 邦：国。

《 译文 》

人民是国家的根基，只有根基稳
固了，国家才能安宁。

◈ 解读 ◈　　这句格言强调了民众在社会发展中的重要作用。这句格言主张，民众是国家的根基，统治者必须高度重视和深刻认识到民众在治国理政中的价值和功能，正确处理好国家发展与人民幸福的内在关系。这句格言所传达的理念也是中国古代政治文化中的重要组成要素。

另外，这句格言在一定程度上有助于推动社会正义的实现。统治者在制定和实施公共政策时，要注重维护和发展民众的正当利益，这样才能增强民众的政治认同和国家认同，提升国家治理的效能，促进经济社会的长远发展。比如，唐律曾规定，"诸主殴部曲至死者，徒一年"，在一定程度上从法律层面限制了权贵阶层对社会民众的压制。

西汉著名的政论家、文学家、思想家陆贾也深刻认识到这句格言的重要性和政治价值。他大力倡导统治者要以仁义治理天下，主张"行仁义，法先圣"。其思想归本于儒家的仁义观，他指出："治以道德为上，行以仁义为本。"另外，他还劝谏统治者要减免赋税徭役，让利于民。

这句格言所倡导的主张和理念不仅在中国古代社会具有重要的指导作用，对于现代社会也具有借鉴价值。

比如，深圳"智慧民生"平台高度整合政务信息资源，基本实现了民生诉求 48 小时内响应与反馈，

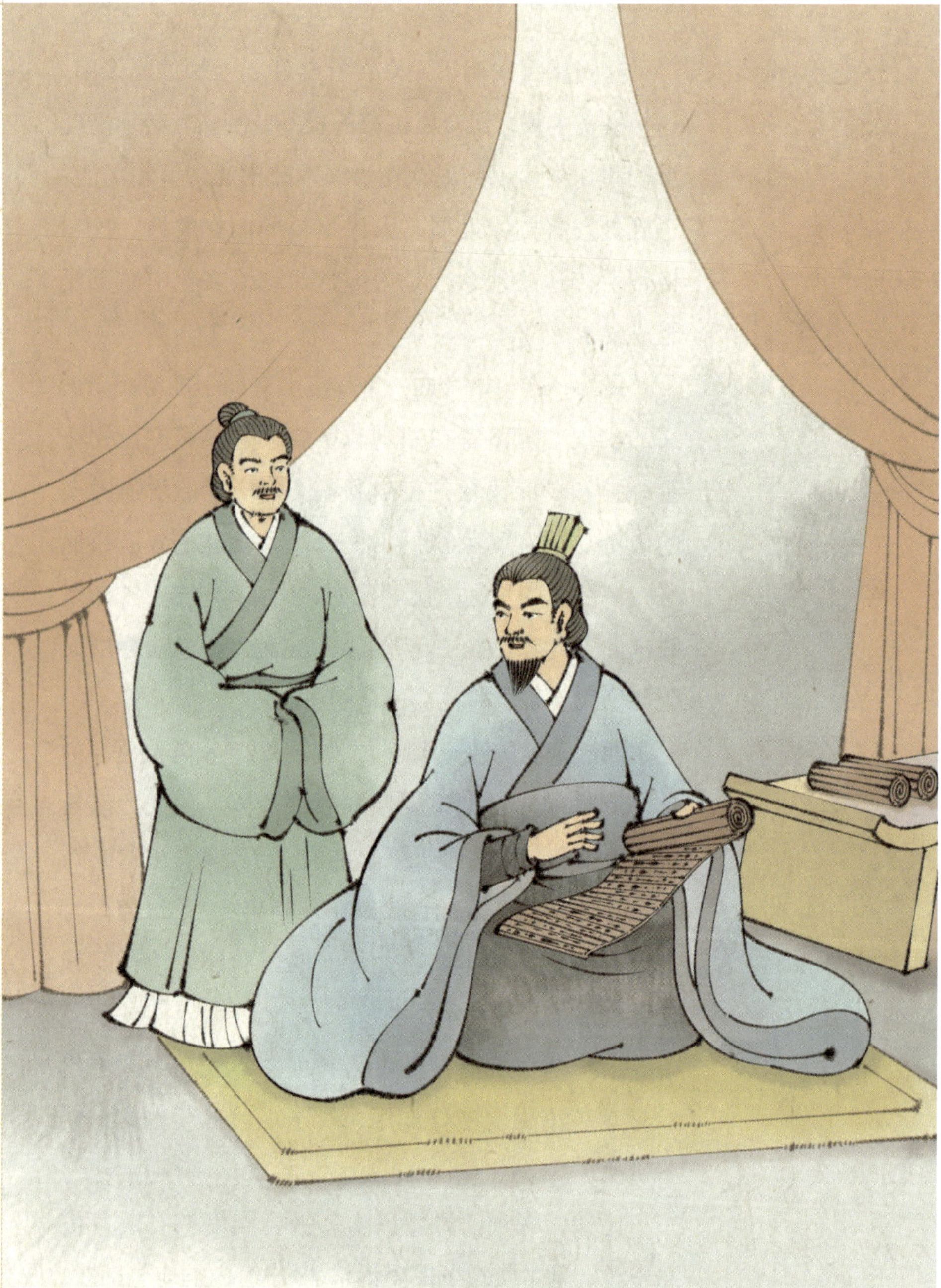

通过现代高科技手段把民本理念进行了现代化的转换与升级。

这句格言启示我们，要时刻把人民的安危冷暖放在心上，时刻以实现好、维护好、发展好最广大人民根本利益为一切工作的出发点和落脚点，始终以人民群众满意不满意、高兴不高兴、答应不答应为衡量工作的标准。

拓展阅读

《五子之歌》出自《尚书》，是中国古代民本思想的较早文献之一，共有五首，每一首都蕴含着深刻的治国理政思想。因此，《五子之歌》不仅具有较高的文学价值，也具有较高的政治价值。它所传达的政治主张对于中国古代政治思想和文化的发展具有重要的意义。《五子之歌》主张为政者要勤政爱民、贵生养民，这些理念至今依然具有参考价值。

圣人无常心，以百姓心为心。

《 出处 》

《道德经·第四十九章》

《 译文 》

圣人没有固定不变的心思，而是
以百姓的意志为意志。

解读 这句格言中的"圣人"是指符合社会道义的贤君明主。这句格言认为，统治者应该始终以百姓的心意和意志为公共政策制定和实施的立足点、发力点。也就是说，衡量统治者是否贤明的标准在于能否始终与百姓同频共振、同向发力，能否做到与百姓心心相印、脉脉相通。统治者不能以自己为中心，更不能把自己的偏私喜好作为国家大政方针的指导思想。无论何时何地，统治者都应该从大局出发，关心百姓的利益需求，从而制定出合理的民生政策。因此，这句格言勉励统治者要在遵循社情民意的基础上，不断强化责任担当意识，要把百姓的利益和社会的发展作为主要内容来抓，不断提高和改善百姓的生活水平。

这句格言所倡导的主张在中国古代社会具有良好的教化意义。它有助于在全社会形成一种更为融洽和谐的人文氛围和政治生态，为统治者巩固执政基础提供有益的政治智慧。比如，汉代初年崇尚"黄老之治"，践行"约法省禁"，汉文帝废除肉刑，将田税降至"三十税一"，有效促进了社会的健康发展。明代王阳明推行《南赣乡约》，主张以"民自议约"来取代政府的单方面立法，实际上也是"以百姓心为心"的体现。

这句格启示我们，要时刻做到心系百姓、尊重百姓、爱护百姓，不断为百姓谋福祉，从而不断调适优化和改进完善相关的公共政策。

百姓的合法权益若能得到有效维护和落实，必将有助于调动和激发社会民众的积极性、主动性，为国家的长远发展和社会建设注入强大的动力。

拓展阅读　　《道德经》又称《道德真经》《老子》《老子五千文》等。此书是道家代表作，分上下两篇。《道德经》全文虽然仅有五千多字，但是蕴含着深刻的哲学思想。它不仅论述了养生修身之道，还涉及治国、用兵谋略等，并提出许多著名的哲学概念，如"无为""自然""道"等。此书对于中国传统哲学、科学、政治、宗教等领域产生深远影响，是一部集哲学、历史、文学价值于一体的著作，至今具有重要的研究价值。

国将兴，听于民。

出处

《左传·庄公三十二年》

译文

国家将要兴盛的时候，（统治者）总是倾听民众意见。

❊ 解读 ❊　　这句格言出自《左传》："国将兴，听于民；将亡，听于神。"这句格言揭示了国家兴衰与民众意见之间的密切关系。统治者应该倾听民众的声音，了解民众的需求和意愿，以此作为制定政策和决策的重要依据。只有这样，国家才能得到民众的支持和拥护，从而实现兴盛和繁荣。

　　这句格言也体现了朴素的民本思想，即认为人民是国家的根本，国家的兴衰与人民的福祉息息相关。统治者应该以人民为中心，关注人民的生活和利益，为人民谋福利、谋发展。春秋时期，随着生产力的发展和社会的变革，民众的力量逐渐显现。一些明智的统治者开始认识到民众的重要性，并尝试通过倾听民众的声音来制定政策和决策。这种民本思想的兴起，为后来的民主政治和人民主权观念的形成奠定了基础。

　　管仲是春秋时期著名的政治家、改革家，他辅佐齐桓公实现了齐国的强盛，使齐国成为春秋五霸之首。管仲深知民众的力量和智慧，提出了"仓廪实而知礼节，衣食足而知荣辱"的民本思想，强调富国必先富民。在改革实践中，他注重发展经济，改善民生，通过听取民众的意见和需求，制定了一系列符合民意的政策和措施，使齐国逐渐强大起来。在内政方面，管仲推行了一系列改革措施，如发展工商、渔盐、冶铁等产业，按照土地的好坏来征收租赋等。这些政策都是基于对民众需求的深入了解和准确把握。在外交方面，管仲推行"尊王攘夷"的策略，拥护周天子，实现了"挟天子以令诸侯"。同时，齐国与各诸侯国会盟，实现了"九合诸侯，一匡天下"。这些外交成就也离不开他对国际形势和各国民意的深刻洞察。

在当代社会，这句格言启示我们，无论处于什么时期，都要一以贯之地重视社会民众对于国家发展的意见、建议。治理现代化的本质是"人的现代化"，现代国家的发展与繁荣必须以"人民主体性"为根基，要通过技术赋能、文化建构、制度创新、理论宣传等多种形式实现传统治理智慧与现代文明的深度融合。

拓展阅读

习近平总书记在纪念刘少奇同志诞辰120周年座谈会上的讲话中指出："刘少奇同志是心系人民、廉洁奉公的光辉榜样。刘少奇同志说过：'人民的利益，即是党的利益。除了人民的利益之外，党再无自己的特殊利益。最广大人民群众的最大利益，即是真理的最高标准，即是我们党员一切行动的最高标准。'"

的确，正如习近平总书记所说，刘少奇作为新中国的重要领导人，始终坚持倾听民众的声音，关注民众的需求。他通过走访群众、召开座谈会等方式，收集了大量的第一手资料，为制定正确的政策和策略提供了重要依据。

命在养民。

◇ **出处** ◇

《左传·文公十三年》

◇ **译文** ◇

（国君的）使命在于养护百姓。

解读　这句格言与《左传》中记载的"邾文公迁都"事件有关。邾文公是邾国国君，名篷篠，以执政开明、政德深厚著称，在位长达五十二年之久。邾国又名邾娄国、邹国，是春秋战国时期的诸侯国，其位置大致为现今邹城市及其周围地区。

根据《左传》可知，鲁文公十三年（前614），"邾文公卜迁于绎"，即现今邹城市峄山之阳。但是，当时史官占卜后却说："利于民而不利于君。"当时，人们非常尊崇占卜之术，对此，臣民纷纷劝告邾文公不要迁都。而邾文公却不以为然，说道："苟利于民，孤之利也。天生民而树之君，以利之也。民既利矣，孤必与焉。"意思是说，迁都如果有利于民众，那也有利于国君。上天为百姓确立了君主，就是为了有利于百姓的。迁都既然有利于民众，那国君必须要这样做。

臣民劝谏道："命可长也，君何弗为？"邾文公反驳道："命在养民。死之短长，时也。民苟利矣，迁也！吉莫如之！"也就是说，邾文公认为，国君的使命就在于养护百姓，而寿命的长短在于时运。如果迁都对民众有利，那么就是非常吉利的事情。后来，邾文公果然迁都于峄山之阳。这句格言生动地反映了邹鲁文化中的民本主义立场和人文精神，是中国古代民本思想理论体系中的有机组成质素，是历朝历代统治者治国理政的重要指导原则。

汉代曾推行"假民公田"政策，就是将荒地租给流民耕作。根据《汉书·宣帝纪》记载，公元前69年，汉宣帝下诏"假郡国贫民田"。北宋时期，为了解决农户耕牛不足的问题，政府曾大力推广踏犁技术。这些历史实践也是对"命在养民"的诠解。

这句格言启示我们，要大力推行德政，以仁爱养民，不仅要养护好民众的身心健康，也要养护好民众的心志德行。

拓展阅读

《左传》全称为《春秋左氏传》，以鲁国为主体，详细记载了春秋时期周王室及各诸侯国的政治、军事、经济、外交、民生等方面的历史。此书思想深邃，语言详略得当，写作逻辑清晰，叙述精确流畅，记事脉络清楚，特别善于描写战争和记述行人辞令，表达方式委婉含蓄，呈现出的历史人物鲜活生动。《左传》蕴含着丰富的儒学思想，开创了历史文学先河，具有较高的文学价值和史学价值。

义以生利，利以丰民。

出处

《国语·晋语》

译文

（执政者）应该遵照道义来创造财富，并用这些财富使民众生活更加富裕。

◈ 解读 ◈　　这句格言认为，执政者只有树立正确的义利观，才能够实现经济发展与民众富裕的执政目标。也就是说，执政者应该深刻地认识到"义"与"利"二者之间的内在关系。"义"是"利"的先导。执政者应该在遵循社会道义、礼义、法则的基础上来发展经济，只有这样，才能保证创造财富的正当性、合法性。"利"是"义"的结果。执政者在"义"的基础上所创造出来的社会财富，不能仅用于谋取个人私利和少数人的利益，而应该重点用于民生事业之中。也就是说，执政者要让民众切实地享受到经济发展的"红利"，要着力改善和提高民众的生活水平，努力实现经济发展与民众富裕的"双赢"。

　　其实，这句格言也是中国古代政治哲学与文化中的重要讨论议题之一。"义利之辨"时至今日仍然具有价值意义。在中国古代社会，贤明君主都会遵行"让利于民""藏富于民""与民共利"的义利原则，采取一些开明宽容的民生政策，比如减轻赋税，兴修水利，设立义仓，抚恤贫弱，奖励垦荒，鼓励农业、工商业生产等。总的来说，这句格言突破了传统"义利对立"的思维定式，深刻揭示了道德原则与经济发展的共生关系。

　　正如《周易》所言："利者，义之和也。"春秋时期，管仲提出"仓廪实而知礼节"，通过建立相对公平的市场体系来实现国家的富强。明代张居正进行国内改革时强调"不加赋而上用足"，通过整饬吏治增加国库收入。这些政治实践正是对这一格言义理逻辑的生动体现。

这句格言启示我们，要在遵循道义的前提下，致力于发展经济，这是实现社会进步、文化繁荣、民族振兴、人民幸福的重要路径。

拓展阅读

《国语》是中国历史上第一部国别体史书，共二十一卷，分周、鲁、齐、晋、郑、楚、吴、越八国记事。此书以记言为主，侧重记述历史人物的言论和对话，也记载了这一时期各国的政治斗争、外交策略、社会风气、社风民意、文化习俗等内容。此书为研究先秦时期的历史、政治与文化提供了重要的文献材料。另外，此书强调国家治理应该重视德治和礼治，对于维护社会稳定具有重要意义。这些主张对于中国古代政治文化发展具有一定的影响。

政之所兴 ❶，在顺民心。

《 出处 》

《管子·牧民》

《 注释 》

❶兴：兴起，推行。

《 译文 》

政令能够推行，在于顺应民心。

解读　　这句格言出自《管子》："政之所兴，在顺民心。政之所废，在逆民心。"这句格言强调了民心逆顺在国家治理和政权发展中的重要性。天下从来不是永久性地属于"一家一姓"。而维持政权行稳致远的关键和核心在于要"顺应民心"。具体来说，"顺应民心"要求统治者要树立利民惠民的政治意识，注重民生事业的发展，制定合乎民情、宽松爱民的政策。其实，在中国古代社会，历代贤明君主多能认识到"民心"对于政权兴盛的重要作用，也将"民心"作为巩固政权的重要基础性力量。历代昏庸无道的君王之所以众叛亲离，以致政权分崩离析，原因就在于失去了"民心"的支持。

中国历史上有许多顺应民心、与百姓"同心同德"的例子。唐朝"贞观之治"就是典例。李世民在位期间，深知百姓疾苦，因此，他制定并实施了一系列爱民政策，如减轻赋税、减免徭役、发展农业、奖励婚嫁、鼓励生育、虚心纳谏、选贤举能等，使得社会经济得到快速发展，人民的生活水平得到显著改善，从而为开创"贞观之治"奠定了坚实的物质基础、群众基础。而且，李世民执政期间，社会总体和谐稳定，犯罪率也比较低，甚至能够做到"夜不闭户，道不拾遗"。贞观四年（630），全国被判处死刑的罪犯只有二十九人。

这句格言的核心要义在于点明了政治权力与民

众意愿的联系。在当代社会，实现政治发展与民心同向"双赢"的关键，在于不断提高公共政策体系的科学化、公共服务能力与水平的精准化，要通过大数据分析、社会调查网络、云服务、网格化治理等手段切实解决群众"急难愁盼"问题。"顺民心"实质上就是要求我们建立"人民—政府—社会"多维良性互动的治理格局。

**拓展
阅读**

　　值得指出的是，2014年9月21日，习近平总书记在庆祝中国人民政治协商会议成立65周年大会上的讲话中也引用过这句格言。习近平总书记指出："'政之所兴在顺民心，政之所废在逆民心。'一个政党，一个政权，其前途命运最终取决于人心向背。……我们必须把人民利益放在第一位，任何时候任何情况下，与人民群众同呼吸共命运的立场不能变，全心全意为人民服务的宗旨不能忘，坚信群众是真正英雄的历史唯物主义观点不能丢。"在习近平总书记看来，"民心"就是我们中国共产党人执政的基础和依靠力量，无论何时，都应该把"民心"放在最高的位置。

卑 ❶ 而不失尊，曲而不失正
者，以民为本也。

《出处》

《晏子春秋·内篇问下》

《注释》

❶卑：低微，低下。

《译文》

（去位）虽身处卑贱，却不失道义之
尊；（在位）虽屈曲邪行，却不失正
义之道，这就在于以百姓为根本。

◈ **解读** ◈　　　这句格言主张，统治者在国家治理和社会发展的过程中要树立正确的民生观和价值观。换言之，统治者要以民生问题为重点，不断倾听民众的利益诉求，积极完善民众的社会救济和保障制度，着力解决民众的日常生活困难。

　　这句格言强调，统治者要想成为受社会民众敬仰和爱戴的君主，就必须具备良好的执政能力和执政本领。统治者要以谦卑的态度关心、爱护民众，而不是以傲慢的姿态冷落、漠视民众。而且，统治者要在坚守道义原则的基础上灵活处理各种国家政务和社会公共事务。只有做到了这些，统治者才能够始终与民众同心同德、同向发力，共同为国家的发达、民族的振兴、文化的繁荣、政治的开明注入强劲的发展动力。

　　汉宣帝刘询是汉武帝刘彻曾孙，是西汉王朝的第十位皇帝。他执政时期，特别注重体察民情民意，着力减轻民众的负担。他下令把国家空闲的田地借给贫民耕种，设置常平仓、义仓等，减免租赋，安定民生；此外，他还整顿吏治，废除苛法，宽刑于民，安抚流民，营造了一个相对公正宽松的社会环境，得到了社会民众的高度认可。所以，汉宣帝统治时期，政治开明，社会稳定，经济繁荣，四夷宾服，史称"孝宣之治"或"孝宣中兴"。

　　这句格言启示我们，要始终秉持"人民至上"的政治立场。具体来说，在政策决策、政策制定、政策执行、政策优化等环节中，都要以满足人民的利益需求、保障人民福祉为根本的出发点与落脚点。我们要着力推动构建多元化主体的责任共识价值体系，实现工具理性与价值理性的有机统一，形成以公共利益为基础的责任网络。

拓展阅读

《晏子春秋》又名《晏子》。此书共八卷，分为内篇和外篇，共有二百一十五章。具体来说，内篇分为《谏上》《谏下》《问上》《问下》《杂上》《杂下》六篇，外篇分为《重而异者》《不合经术者》两篇。此书着重阐发了重民思想，比如主张为政者要爱民为民，轻徭薄赋。另外，此书也主张为政者要亲贤远佞，任人唯贤。《晏子春秋》也蕴含了朴素的唯物论和辩证法。总的来说，此书融合了儒家思想和墨家思想，对后世文学理论和政治思想发展等产生深远影响。

事因于民者必成。

◇ 出处 ◇

《晏子春秋·内篇问上》

◇ 译文 ◇

事情如果顺应民众的需求和意愿
去做的话，就一定会成功的。

解读 　　这句格言强调了顺应民意、以民为本在国家发展中的重要性。为政者不要贪图享乐，而要勤政廉洁、修身崇德，做到爱护百姓、关心百姓。

　　晏子提出"义，谋之法也"和"民，事之本也"两个论题，将"度义因民，谋事之术也"奉为治国理念。晏子认识到人民在国家治理中的重要作用，把人民看作管理好国家事务最主要的推动力。《晏子春秋》中还有很多关于治国理政、为民服务的智慧格言，都强调君主只有以民众为本，注重民生，才能赢得民众的信任和支持，实现国家的长治久安。

　　中国共产党根基在人民，血脉在人民，力量在人民。面对义与利、公与私的选择，共产党人每每能见利思义、大公无私。"共和国勋章"获得者张富清是一位深藏功名、坚守初心的英雄。张富清在部队时立下赫赫战功，退役转业后却选择将功绩封存，不居功自傲，继续服务人民。他的军功章、证书都被锁在一个箱子里，一锁就是六十年。张富清的一生都在践行"事因于民者必成"的理念。他始终将人民放在心中最高的位置，无论是在部队保家卫国，还是在地方为民造福，他都以身作则、无私奉献。他用自己的朴实纯粹、淡泊名利书写了精彩人生，成为广大部队官兵和退役军人学习的榜样。

　　这句格言启示我们实现经济社会的可持续发展和国家治理的常态化发展的关键，在于始终关注、重视社情民意的作用。换言之，我们要从社会民众的实际需求和根本利益中寻找发展方向。政府要从"管理型"向"服务型"转变，经济发展要从"资本驱动"向"民生导向"转变。另外，可以通过数字民主、基层协商、网络问政等多种形式切实保障民众的合法权益，提高政府的行政效率与公信力。

拓展阅读　　魏徵以敢于直言进谏而著称，他多次向唐太宗提出有关治国理政的建议，其中很多都涉及民生问题。他强调统治者应该顺应民心，关注民众的需求和疾苦，推行有利于民生的政策和措施。如他提出的"十思"建议，旨在劝谏唐太宗勤政爱民、节俭治国。同时，他还关注到农民负担过重、官员贪污腐败等问题，并提出了相应的改革措施。这些建议和措施都得到了唐太宗的采纳和实施，为唐朝的繁荣和稳定做出了重要贡献。

财聚则民散，财散则民聚。

出处

《礼记·大学》

译文

钱财过分集中在国家，民心就会涣散；钱财分散于民众，民心就会聚拢。

◈ 解读 ◈　　这句格言强调统治者要正确处理民心与财富之间的关系。在中国古代社会，统治者如果想要把财富都聚集在中央政府中，实行严苛的财政政策，对地方政府和基层百姓横征暴敛的话，那么必然会导致民众离心离德、怨声载道，最终会导致社会秩序动荡，引发政治暴乱。因此，这句格言主张统治者应该制定开明的财政政策，秉持让利于民的原则，适度分散中央政府的财政收入，用于民生事业和社会公共基础工程等方面，增进民生福祉，这样才能聚合民心，促进社会稳定，增强统治者治国理政的群众基础。

　　这句格言实际上是把抽象宏观的古代民本思想理论具象化为社会财富分配机制。它勉励为政者要制定合宜的公共资源分配政策，要秉持"藏富于民"的理念，不断拓展社会民众的生存空间和发展空间。

　　秦朝时期，秦始皇为了彰显自己的权威，不惜民力，动用大量的人力、物力、财力、精力修筑长城、驰道、宫殿，大兴土木。特别是在修建长城时，秦始皇下令征用了大量劳动力，丁男不足时，甚至征发女子承担转输的苦役。另外，秦始皇还制定了沉重的赋税，实行"连坐制度"等严刑峻法，导致民不聊生、民怨四起，最终使得社会矛盾激化，加速了秦朝的灭亡。

　　北宋时期王安石变法失败的原因之一，在于未能处理好"国富"与"民富"的辩证关系，过于集中国家资本，导致经济发展缺乏活力，甚至衰竭。

这句格言在当下仍然具有重要的借鉴价值。它启示我们，政府要坚持爱民为民的原则，制定符合社会发展水平的公共政策、财政政策，这样才有助于提升民众的政治认同感和幸福指数。

**拓展
阅读**

《大学》原本是《小戴礼记》中第四十二篇。唐代韩愈、李翱开始推崇《大学》。北宋时期，司马光编撰《大学广义》，这是《大学》单独成册的开始。理学家程颐、程颢亦对《大学》十分尊崇，又编撰《大学定本》。南宋时期，理学家朱熹作《大学章句》，最终使得《大学》与《论语》《孟子》《中庸》合编为"四书"。《大学》的核心思想大致可概括为"三纲领""八条目"。"三纲领"即"明明德""亲民""止于至善"。"八条目"即"格物""致知""诚意""正心""修身""齐家""治国""平天下"。

民为贵，社稷次之，君为轻。

出处

《孟子·尽心下》

译文

老百姓最重要，其次便是国家，君主就比较轻微了。

解读　　这句格言是孟子民本思想的重要体现。孟子认为，在国家的构成和治理中，人民是根本，他们的利益和福祉应当被放在首位。国家（社稷）作为人民生活的载体和保障，其重要性次于人民。而君主，虽然是国家的领导者，但其地位相对于人民和国家来说，是较轻的。这种思想强调了人民的主体地位和君主的服务角色，对后世的中国政治思想产生了深远的影响。

孟子是战国时期的伟大思想家、教育家和政治家。他是儒家学派的重要代表人物之一，与孔子并称为"孔孟"。孟子的思想主张以"仁"为核心，强调人性本善，提倡通过教育和道德修养来实现社会的和谐与进步。他一生致力于传播儒家学说，对后世产生了巨大的影响。

汉文帝刘恒是西汉的第五位皇帝，他在位期间推行了一系列以民为本的政策，使得国家经济繁荣、社会稳定。汉文帝推行轻徭薄赋的政策，减轻百姓的赋税和劳役，让百姓能够有更多的时间和精力去从事农业生产和其他经济活动。他本人非常节俭，并以身作则，减少宫廷开支，将节省下来的钱财用于改善百姓的生活。他鼓励百姓节俭持家，发展生产，提高生活水平。汉文帝推行宽刑薄罚的政策，减少不必要的刑罚和处罚，让百姓能够在一个相对宽松的环境中生活。他还设立专门的机构来审理冤狱，保

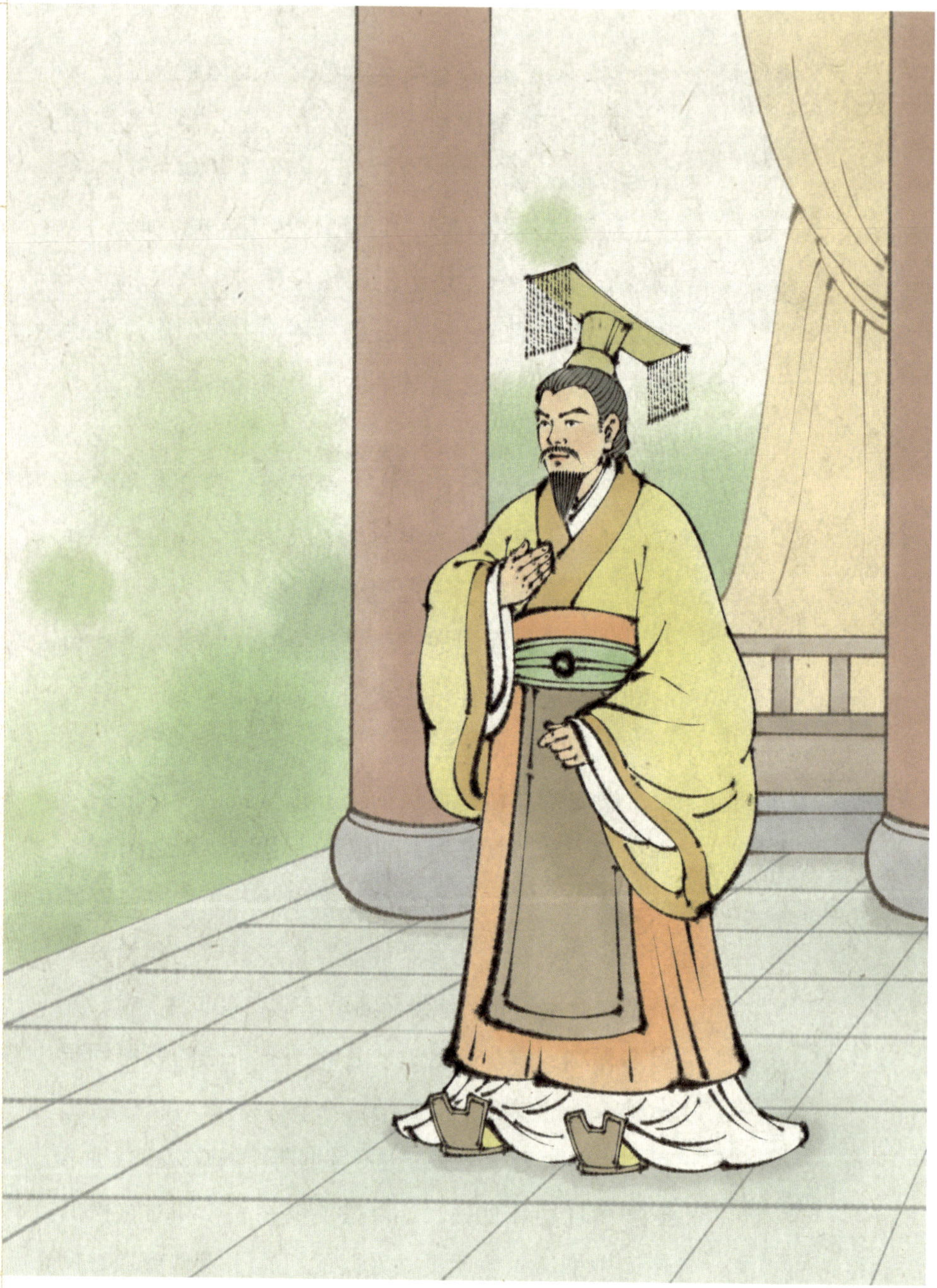

障百姓的合法权益。汉文帝以民为本的政策得到了百姓的广泛支持和拥护，他的治国理念和实践为后来汉朝的繁荣奠定了基础。

这句格言启示我们，在经济全球化和全球治理协同化的当代社会，实现一个国家治理有效化、政治系统良性运作的关键在于始终关注民生民情，切实维护社会民众的尊严与发展。

拓展阅读

2018年6月29日，习近平总书记在十九届中央政治局第六次集体学习时的讲话中指出："'国以民为本，社稷亦为民而立。'加强党的政治建设，要紧扣民心这个最大的政治，把赢得民心民意、汇集民智民力作为重要着力点。""国以民为本，社稷亦为民而立"是朱熹针对孟子提出的"民为贵，社稷次之，君为轻"思想主张作出的阐释，意思是说国家以人民为根本，也是为人民而设立。

在习近平总书记看来，中国共产党人要始终站稳人民立场，要把维护好、实现好、发展好人民群众根本利益作为一切工作的出发点与落脚点。

水则载舟，水则覆舟。

《出处》

《荀子·王制》

《译文》

水可以使船行驶，也可以使船倾覆。

解读　　这句格言出自《荀子》："君者，舟也；庶人者，水也。水则载舟，水则覆舟。"这句格言主要强调了民众在国家政治生活和政治发展中的重要性。水在自然界中被视为一种至柔且广泛存在的基础性力量，在这里象征着社会民众的政治力量。从表面来看，水是一种柔弱、平常无奇的存在，它却是万事万物得以存在、成长、发展的根本的物质源泉。而舟虽然看着坚固无比、宏伟壮观，但是如果没有水的作用，自身寸步难行。也就是说，水对于舟的行稳致远具有决定性作用。

在这里，这句格言以"水"比喻百姓，以"舟"比喻统治者及其政权，凸显了民众在治国理政中的功能价值。统治者要高度重视民众在国家治理中的作用，正确处理好和维护好与民众之间的关系。虽然"原子化"的社会民众的力量是微弱的，但是"集合化"的社会民众的力量则是强大的。正如唐代名臣魏徵所言："怨不在大，可畏惟人；载舟覆舟，所宜深慎。"唐代"贞观之治"注重通过均田制、科举制等手段建立利益共享机制，提高了社会民众的政治认同，强化了国家统治的群众基础，使得民众成为"载舟之水"，有效推动了国家和社会的发展。如果权力被异化为压迫人民的工具，必然会导致反噬。路易十六横征暴敛，不顾百姓死活，最终失去民心民意，被革命大潮所推翻。

这句格言启示我们，要充分把握民众的二重性。也就是说，如果一个国家能够顺应民心民意，关心百姓疾苦，解决民生问题，就能够发挥民众的正向功能，促进政权的发展。反之，如果忽视民众的利益诉求，视百姓如草芥，则会引发民众的负向功能。这句格言蕴含着深刻的政治哲理，得到历朝历代开明君主的推崇，是中国古代政治文化中重要的构成要素。

拓展阅读

《荀子》是战国时期思想家荀子的著作。《荀子》现存三十二篇，总计八万余字，代表篇章有《劝学》《修身》《王制》《君道》等。《荀子》强调为政者要礼法并用，既要充分认识到道德教化、礼治规范的重要作用，也要重视法律的强制性约束作用。另外，《荀子》非常重视教育的功用，认为教育是培养君子人格的重要途径。《荀子》进一步丰富和发展了儒家伦理思想，对后世儒学的发展和创新具有重要影响。

民心走❶，国必亡。

出处

《大戴礼记·盛德》

注释

❶走：离开。

译文

如果失去民心，那么国家必然会灭亡。

◈ 解读 ◈　　这句格言体现了儒家的基本立场和观点。儒家主张，民心向背关乎国家的生死存亡，关乎政权的兴衰强弱。如果统治者不关心百姓的疾苦，不重视民心的力量，那么有可能会导致社会公共秩序混乱、国家政治生态恶化，从而最终走向亡国的深渊。所以，这句格言强调，统治者要正确把握民心在国家政治生活和政治发展中的重要性，要制定爱民恤民的政策体系，这样才能够得到民众的广泛支持与认同，增强国家治理和建设的群众基础。

秦朝末年，项羽与刘邦相争，项羽虽然英勇善战、所向披靡，但是他暴虐不仁、狂戾恣睢，大肆屠城，坑杀降卒，滥杀无辜，煮杀敌将，手段极其残忍，毫无宽容、仁爱之心。公元前208年，项羽攻打襄城，但是襄城军民一心，誓死抵抗，不肯投降。项羽攻破襄城后，竟然下令把守城的军民全部坑杀。公元前206年，二十多万投降的秦兵经常遭到欺辱，遂生怨恨。项羽为了防止他们叛变，竟在新安城南将他们全部坑杀。种种暴行，使他最终失去民心，败给为人宽厚、爱惜民力的刘邦。

现代社会，"苏联解体"的重要原因之一就在于忽视了社会民众的利益诉求，脱离群众，利益固化，形成了官僚特权集团，最终导致民生凋敝、民怨盈涂。近年来，欧美国家面临"民主发展困境"，民粹主义抬头，这也与贫富分化、收入差距过大等民生问题息息相关。

这句格言启示我们，"民心就是最大的政治"，要高度重视社会民众在国家决策中的价值和作用，要与时俱进、开拓创新，着力解决和完善社会就业、医疗保障、教育公平、制度反腐等社会热点议题。

拓展阅读　　新时代以来，在以习近平同志为核心的党中央正确领导下，中国共产党人始终以满足人民群众日益增长的美好生活需要为工作的奋斗方向，始终坚持"以人民为中心"根本发展思想、坚决贯彻五大发展理念，构建绿色低碳循环经济发展体系，坚持聚焦解决人民群众"急难愁盼"的社会热点焦点问题，不断补足民生短板，完善民生保障体系，人民群众的满意度显著提升，彰显出中国共产党人"我将无我，不负人民"的崇高情怀。

失民心而立功名者，未之曾有也。

出处

《吕氏春秋·顺民》

译文

能够在失去民心的情况下而建功立业的人，从来没有出现过。

解读　这句格言诠释了建功立业与民心之间的关系。按照这句格言的主张，只有得到民众的支持、理解和配合，才有可能建功立业，实现自己的政治抱负和价值追求。反之，假若得不到民众的支持、理解和配合，将无法实现自己的奋斗目标，更不可能走向成功。实际上，在得到民心的情况下，个人会更加珍重民众在国家政治生活中的政治价值，会自觉地回应并解决民众的利益诉求，增进民众的政治认同和情感认同。

这句格言强调了民心向背的重要作用。得到了民心，意味着拥有广泛的群众基础、社会基础，意味着个人具备良好的社会影响力和政治声誉，意味着具有统筹全局、稳定政局的能力。所以，得到民心是建功立业的前提条件，建功立业绝不是以牺牲或者侵害民众利益的方式来实现的，不能为了自己的私利、偏爱来侵夺民众的利益。

历史上著名的"烽火戏诸侯"就是失去民心的典例。烽火是中国古代社会敌寇侵犯时的紧急军事报警信号。而在西周晚期，周幽王为了博褒姒一笑，竟然多次点燃烽火，戏弄各路诸侯。周幽王的荒唐行径招致民怨四起，逐渐失去了臣民的信任。最终，西戎攻破镐京，杀死了周幽王。

古代历史上著名的"文景之治""开元盛世"等，均以民心为执政的根基，轻徭薄赋，惜民贵生。在现代民主政治中，民众在国家政治生活中具有重要的作用和地位。选举民主、协商民主则是社情民意有效的制度化表达机制。

这句格言启示我们，"民心"是社会的"润滑剂"和"黏合剂"。凝聚民心、形成共识，才能促进社会的稳定和政治的进步；涣散民心、离心离德，则会加速政权的崩溃和社会的倒退。

拓展阅读

《吕氏春秋》又称《吕览》，是在秦国丞相吕不韦的主持下，集合门客们编撰的一部杂家名著。《吕氏春秋》分为十二纪、八览、六论，共二十六卷、一百六十篇、二十余万字。《吕氏春秋》的创作目的是为了综合各家学说之长，指导秦国统治者兼并六国，建立大一统的封建王朝，实现国家的长治久安。此书以道家思想为主体，兼采阴阳、儒墨、名法、兵农等诸家学说。因此，《汉书·艺文志》把此书列入杂家。

长太息以掩涕兮，
哀民生之多艰①。

《出处》

战国·屈原《离骚》

《注释》

① 艰：艰难，困难。

《译文》

长长地叹息，掩面哭泣，为百姓
苦难的生活感到悲伤。

解读　　屈原因为直言进谏，被楚国君王流放到边远地区。因此，这两句诗抒发了遭陷害排挤、被放逐的痛苦愤懑之情，也表达了对民生困苦的哀伤、忧虑。"长太息"和"掩涕"两个动作，表现的是作者内心的极度痛苦和无奈。

这句格言诞生于战国时期楚国积弊难返的背景之下，暗含了作者对当时政治制度的批判。作者身为士大夫阶层却"掩涕"而叹，展现了知识分子对于国家和民众强烈的责任感。另外，诗句也表明了作者的民本立场。作者认为，统治者应该自觉做到亲贤远佞、任人唯贤、善待百姓，而不是用人不明、善恶不分、暴虐百姓。通过诗句，我们亦能感知到作者的坎坷际遇及楚国当时恶劣的政治生态和民生环境。作者认为，统治者应该具有高度的人文关怀和公共关怀，要始终关心民众的生活水平，只有这样，才能巩固政权，实现国家的良性运转。

"哀民生"不仅是对现实问题的关切，也是对国家发展的前瞻性思考。这告诫为政者要制定合理健全的风险预判机制，及时防范和化解民生矛盾和社会风险，从而实现国家的常态化发展。在当代社会，我们要始终以改善人民群众的生存发展条件为旨归，保持"哀民生之多艰"的民本关怀，不断提升人民群众的生活水平与道德素养。

这句格言启示我们，一个国家的政治系统和制度体系必须具有自我革新的能力，要及时破除阻碍民生发展的制度因素，在经济发展的过程中要注意分配正义，不断完善社会保障体系。另外，无论经历多少磨难，一定要坚守正确的价值立场和政治追求，积极履行自己的社会责任，始终与人民保持血肉联系，为实现人民的美好生活而不断努力奋斗。

拓展阅读

  《离骚》是中国文学史上最早的长篇抒情诗，在先秦文学中具有重要地位。《离骚》也反映了作者对现实社会问题的深刻思考，以及对国家政治发展的关心，流露出忧国忧民的情愫。另外，《离骚》也蕴含着深厚的文化底蕴，彰显了中国古代文化的多元性与包容性。《离骚》文采绚烂，结构宏伟，开创了中国文学史上的"骚体"诗歌形式，对后世产生了深远的影响。在当代社会，《离骚》也具有重要的价值，它提醒我们要时刻铭记国家利益高于个人利益。

治国有常❶，而利民为本。

《出处》

《淮南子·氾论训》

《注释》

❶ 常：指基本方略。

《译文》

治理国家虽然有基本的法则，但是最根本的是让人民能够获利。

解读 这句格言强调，治理国家的根本目的在于利民，即让人民获得实实在在的好处。在古代中国，这一思想被众多思想家和政治家所推崇，体现了深厚的民本思想。"治国有常"意味着治理国家需要遵循一定的基本法则，这些法则具有稳定性和连续性，不应轻易被改变，需要长期坚持和贯彻，以确保国家的长治久安。而"利民为本"则是这一理念的核心，它强调治理国家的根本目的是为了民众的福祉和利益。在任何时代、任何社会制度下，国家的治理都应该以人民的利益为出发点和落脚点。只有让人民真正获利，国家才能长治久安，社会才能和谐稳定。

宋仁宗赵祯是宋朝的第四位皇帝，他以其仁政爱民、广开言路、善于纳谏的治国风格，开创了"仁宗盛治"的时代。赵祯善于倾听各种声音，尤其是来自基层百姓的声音，能更全面地了解民情民意，从而制定更加符合实际的政策。他非常重视农业生产，减轻农民的负担，鼓励垦荒和兴修水利，提高了粮食产量和农业生产效率。同时，他还重视手工业和商业的发展，促进了商品经济的繁荣和市场的扩大。此外，他还注重文化教育事业的发展，兴办学校，普及教育，提高了全社会的文化水平。在赵祯的治理下，宋朝的经济得到了稳步发展，社会生产力不断提高，社会秩序稳定，百姓生活相对安定，文化事业也迎来了繁荣的局面。

这句格言启示我们，我们既要遵循"常道"，即坚守"以人民为中心"的发展思想不动摇，又要善用"变法"，不断创新社会治理手段，妥善处理好人口老龄化问题，扎实推进共同富裕。

拓展阅读

2016年1月18日，习近平总书记在省部级主要领导干部学习贯彻党的十八届五中全会精神专题研讨班上的讲话中指出："'治国有常，而利民为本。'以人民为中心的发展思想，不是一个抽象的、玄奥的概念，不能只停留在口头上、止步于思想环节，而要体现在经济社会发展各个环节。要坚持人民主体地位，顺应人民群众对美好生活的向往，不断实现好、维护好、发展好最广大人民根本利益，做到发展为了人民、发展依靠人民、发展成果由人民共享。"在以习近平同志为核心的党中央正确领导下，推动了多项惠民政策的实施，如脱贫攻坚、教育公平、医疗保障等，提高了人民群众的生活水平，增强了人民群众的获得感、幸福感和安全感。

民者，万世之本也。

《 出处 》

西汉·贾谊《新书·大政上》

《 译文 》

人民，是国家长远发展的根本。

《 解读 》　　这句格言出自贾谊《新书》："夫民者，万世之本也，不可欺。凡居于上位者，简士苦民者是谓愚，敬士爱民者是谓智。"《新书》创作于西汉初期。在经历了长期的战乱和秦朝的暴政后，当时国家社会经济亟待恢复和发展。儒生陆贾与叔孙通等人在总结秦亡教训的基础上，提出了用儒家思想治国的设想，但未能完全付诸实践。在此背景下，贾谊冲破文帝时道家黄老之学的束缚，将儒家学说推到了政治前台，提出了以民为本的治国理念，为汉朝的长治久安提供了理论支持。

贾谊认为，人民是国家的根本，是万世之基。他强调，要治理好国家，就必须重视人民，爱民、富民、与民以福、与民以财。只有得到人民的拥护和支持，国家才能长治久安。国家的兴衰成败取决于人民支持与否。因此，他主张统治者要重视人民，实行仁政，以赢得人民的信任和支持。同时，他也强调了人民在政治斗争中所蕴含的伟大力量。

宋太祖赵匡胤认为人民安居乐业是国家繁荣稳定的基础。他主张统治者应关注人民生活，倾听人民声音，以人民利益为出发点制定政策。在实践上，他整顿吏治，严惩贪污腐败；减轻赋税，废除苛捐杂税，鼓励农民开垦荒地；推动农业发展，鼓励使用先进农具和技术，设立专门机构管理农田水利。这些行动体现了赵匡胤对人民的重视和对国家稳定的追求。

这句格言启示我们，在当代社会要始终做到发展为了人民、发展依靠人民、发展成果由人民共享；要通过税收调节来保护合法收入、调节过高收入、取缔非法收入，不断缩小贫富差距；深入贯彻就业优先战略，不断健全完善劳动者权益保护政策，平衡协调好多元利益诉求，着力优化民生保障机制。

拓展阅读

贾谊，西汉时期著名的政论家、文学家，世称贾生。贾谊的著作主要有散文和辞赋两类。主要代表作有《过秦论》《论积贮疏》《陈政事疏》等政论散文，以及《吊屈原赋》《鵩鸟赋》等辞赋作品。西汉史学家司马迁曾为屈原、贾谊作合传一篇，后世往往把二人并称为"屈贾"。贾谊为政期间，主张重农抑商、礼法兼施、仁义治国、重视民本等。

足寒伤心，民寒伤国。

东汉·荀悦《申鉴·政体》

《 译文 》

脚如果受寒的话，会影响心脏的
健康；民众如果生活困苦的话，
则会对国家造成伤害。

◈ **解读** ◈　　这句格言通过对比"足寒"与"民寒"的后果，强调了民众生活状况对国家稳定和发展的重要性。它告诫统治者，如果民众的生活条件恶劣，那么国家的稳定和发展就会受到威胁。这句格言体现了以人为本的思想，即国家的治理和发展应当以民众的利益和福祉为出发点和落脚点。只有让民众过上富足、幸福的生活，国家才能长治久安、繁荣发展。

　　荀悦是东汉史学家、政论家、思想家。他是荀子之后的重要儒家学者，他认为君、臣、民是相互联系的有机统一体。他强调民众是国家的基础，民众的生活状况直接关系到国家的稳定与繁荣。如果民众生活困苦，国家的根基就会动摇。

　　荀子是战国末期赵国人，思想家、哲学家、教育家，儒家学派的代表人物，先秦时代百家争鸣的集大成者。荀子认为，君主应以民众的利益为重，通过改善民生等措施，使民众过上安定富足的生活。荀子还认为，君民关系是相互依存的，君主需要民众的支持和拥护才能稳固统治。如果民众生活困苦，国家的基础就会动摇，进而影响君主的统治地位。他强调君主应重视民众，以民为本，国家的兴衰存亡与民众的生活状况息息相关。荀子的这些思想为后来的儒家学者所继承和发展，对中国古代政治文化产生了深远的影响。

　　这句格言启示我们，社会民众是推动国家发展和社会进步的重要力量。民生问题在国家治理中具有重要地位。国家治理的本质是为了实现社会民众的全面发展和综合素质的提升。我们要将古代的民本智慧进行创造性转化与创新性发展，创造一种既有法度又有温度的社会公共氛围，进一步提升社会民众的幸福感。

**拓展
阅读**

习近平总书记在 2015 减贫与发展高层论坛的主旨演讲中引用过这句格言，他指出："由于种种原因，贫富悬殊和南北差距扩大问题依然严重存在，贫困及其衍生出来的饥饿、疾病、社会冲突等一系列难题依然困扰着许多发展中国家。'足寒伤心，民寒伤国。'我们既为 11 亿人脱贫而深受鼓舞，也为 8 亿多人仍然在挨饿而深为担忧。实现全球减贫目标依然任重道远。"在习近平总书记的正确领导下，我们走出了一条中国特色减贫道路，形成了中国特色反贫困理论，为全球减贫事业提供了中国智慧、中国方案、中国经验。

民者，国之根也，诚①宜②重其食，爱其命。

《 出处 》

西晋·陈寿《三国志·吴书》

《 注释 》

① 诚：的确。
② 宜：应当，应该。

《 译文 》

民众是国家的根本，执政者应该重视民众的生活，爱护他们的生命。

◈ **解读** ◈　　这句格言把民众比喻为"国之根"，暗合《周易》"天地之大德曰生"的宇宙观。从词源学意义而言，"根"是植物得以存续和发展的根本。作者以"根"喻"民"，是说植物需要根来发展和成长，国家也必须通过爱护民众来获取政权的合法性。

　　这句格言强调了民众在国家与社会中的重要地位和作用。这句格言认为，国家长治久安和政权稳固的根本在于民众的支持与拥护。统治者要时刻关心民众的衣食住行和安危冷暖，并且要根据本国具体国情和发展实际，制定符合广大民众利益诉求、呼声心愿、价值主张的路线、方针、政策。

　　而且，统治者要爱惜民力，重视民权民生，维护好社会民众的生命安全，切实提高民众的物质文化水平和道德境界。比如，汉文帝执政时期曾下令废除当时的黥、劓、斩左右趾等肉刑，这就是"爱民护民"的表现。只有满足社会民众的要求，及时解决他们的现实问题，才能赢得信任，巩固执政基础，凝聚政治共识，形成国家治理的强大合力。也就是说，统治者要深刻认识到民众的利益是国家利益的重要组成部分，民众更是国家存在和发展的主体。

　　在当代社会，"全国优秀共产党员"、"七一勋章"获得者、"时代楷模"黄文秀就是践行这句格言的典范。2016年，黄文秀毕业于北京师范大学。毕业后，她积极响应党和国家的号召，回到家乡工作，致力于扶贫事业。她在担任乐业县新化镇百坭村驻村第一书记期间，始终扎根基层、心系基层、服务基层，受到当地村民的广泛好评。

这句格言启示我们，要通过多种途径和方法来改善民众的生产生活条件，始终把民生放在重要的环节来抓，努力营造稳定、安全、友好、健康的社会公共生态，积极构筑互帮互助、尊老爱幼、仁民爱物、向善厚生的国家道德生态，从而不断增强社会民众的认同感，提升社会民众的满意度。

拓展阅读

《三国志》是由西晋史学家陈寿编撰而成的一部史学名著，是记载三国时期史实的纪传体断代史，是二十四史中评价最高的"前四史"之一。全书共六十五卷，分为《魏书》三十卷，《蜀书》十五卷，《吴书》二十卷。《三国志》善于叙事，语言简洁凝练。此书记载的相关史料较为翔实，是研究三国时期历史文化的重要参考文献。南宋叶适曾评价道："笔高处逼司马迁，方之班固，倡少文义缘饰尔，要终胜固也。"

但愿苍生俱饱暖，
不辞辛苦出山林。

明·于谦《咏煤炭》

◈ 译文 ◈

只要能让普通百姓都能吃饱穿暖，
（我）不辞辛劳与艰苦，走出荒僻
山林。

解读　　这句格言语言质朴、情感真挚，抒发了作者忧国忧民的情怀，展现出作者甘于奉献、一心为民的品格。作者能够在当时社会矛盾日益尖锐的形势下为民发声、为民代言，人格确实可贵。

作者认为，统治者及仁人志士应该以不断满足和改善普通百姓的物质生活需求为奋斗目标，应该从容面对和处理生活中的各种困难和挑战，应该为了普通百姓的利益而不断努力。

根据相关史实可知，这句格言的作者于谦真正践行了为民造福的宏愿。他在地方任职期间，不辞辛苦，四处体察民情，了解当地民众的疾苦。为此，他还特设"求通民情""愿闻利弊"木牌，以期掌握本地的社情民意。在收成不好的灾荒年份，他开设义仓，发放救济金，收养孤儿，开设"惠民药局"，稳定了社会秩序，凝聚了民心，得到当地百姓的广泛赞誉。此外，他还向朝廷提出了轻税养民、疏解流民等主张，始终把普通民众放在心中。

"但愿苍生俱饱暖，不辞辛苦出山林"，实际上也体现了儒家的民本思想、奉献精神。这种一心为民、为国的抱负和追求是中华民族屹立于世界民族之林的精神基石。这种将个人的生命自觉地熔铸于苍生福祉的情怀，必将在历史的长河中获得永恒价值，永远被后世所敬仰。

这句格言启示我们，要具有高度的社会责任感，主动关心他人的需求和困境，形成互帮互助、和谐共生的良好社会氛围。我们在生活和工作中，要将个人的利益自觉地融入更广泛的社会利益之中，关注和关心民众的需求与利益，为社会的和谐与进步贡献力量。

拓展阅读

中国科学院院士、小麦遗传育种学家、中国小麦远缘杂交育种奠基人李振声正是始终为了让老百姓"吃得饱、吃得好"而努力奋斗的楷模。经过数十年的科学研究和实践探索，他带领的科研团队凭借远缘杂交技术培育出"小偃"系列小麦新品种，比如小偃4号、5号、6号等高产、抗病、适应性强的优质小麦品种。他们还培育出小偃麦八倍体、异附加系、异代换系和易位系等杂种新类型。因此，李振声被赞誉为"当代后稷""中国小麦远缘杂交之父"。

为万民，非为一姓也。

《 出处 》

明·黄宗羲《明夷待访录·原臣》

《 译文 》

为了天下百姓，而不是为了一家一姓的私利。

❖ 解读 ❖　　这句格言出自《明夷待访录》："故我之出而仕也，为天下，非为君也；为万民，非为一姓也。"这句格言表达了作者"为民造福""以民为本"的政治抱负。通过这句格言，我们可以体察黄宗羲对封建君主专制和王权观念的批判。这句格言强调，统治者要将百姓的利益放在重要的位置，要深刻地认识到百姓在国家政治生活中的作用和价值。这句格言也劝诫统治者，不能仅仅谋求家族利益或者统治阶层的利益，否则的话会导致亡国的恶果。在当时的社会历史背景下，这句格言所倡导的是一种更为公正、合理的民本理念和主张，具有一定的进步意义，对于促进社会稳定、提升国家治理效能、推动政治发展具有重要的功用。

　　黄宗羲是中国古代民本思想家的重要代表之一。除了这句格言，他还指出："天下为主，君为客。"他始终认为，百姓是统治者执政的重要政治力量，统治者必须主动做到察民情、知民意、解民忧。百姓是国家的主人，君主是为百姓服务的，这也是对中国古代传统君主专制理论和制度的驳斥。因此，黄宗羲认为，中国古代传统君主专制是"天下之大害"，主张要以"天下之法"来代替帝王君主的"一家之法"，积极倡导"君臣共治"的政治理念。他的这些主张和理念在当时而言，具有重要的社会影响和价值，并且对后世政治革新、进步提供了良好的思想资源，起到积极的推动作用。

这句格言启示我们，政治权力不能用来谋求私利，而应用来更好地服务社会民众，不断提高社会民众的福利待遇和生活水平。在当代社会，我们应该不断健全和完善民主制度，不断发展和丰富全过程人民民主，切实保障人民群众在民主选举、民主协商、民主决策、民主管理、民主监督中的权利，在制度设计、政策制定、效果评估、监督评价等环节中建立健全民情民意的反馈机制及其利益协调机制，不断提升人民群众的物质生活水平和精神文化境界。

**拓展
阅读**

《明夷待访录》是明末清初思想家黄宗羲所创作的政治著作。"明夷"是《周易》中的一卦。其爻辞为："明夷于飞，垂其翼。君子于行，三日不食。有攸往，主人有言。"意思是说，有智慧的人处在艰难之境。"待访"意思是说，等待后世的开明君主来访。此书有《原君》《原臣》《原法》《置相》《学校》《取士上》《取士下》《建都》《方镇》等二十一篇。

天下之官，皆养民之官；
天下之事，皆养民之事。

《出处》

清·唐甄《潜书·考功》

《译文》

天下的官吏都是供养百姓的官吏，天下的政事都是供养百姓的事情。

解读 这句格言表达了"富民"思想主张。这句格言认为，统治者要以养民富民为重要抓手，要高度重视社情民意在国家政治生活中的功用。虽然国家官吏的职位和类别丰富多样，但是其共同的地方在于都是为了更好地关照和爱护百姓，正如董仲舒在《春秋繁露》中所言："天之生民非为王也，而天立王以为民也。"虽然国家的政务和公共事务繁多，但是其相通之处在于都是为了更好地完善民生政策体系。

也就是说，统治者及国家官员不能有"与民争利"和"虐民忘民"等错误思想，要始终遵循"致富于民"和"以民为本"的原则。国家的发展始终是以百姓的支持认同为重要的基础。这句格言所倡导的"养民"，实际上是对古代社会传统政治伦理的优化与重构，打破了中国古代社会权力单向流通的渠道和支配关系，建立了"官员—民众"双向互动、相辅相成的责任伦理格局。

另外，这句格言的作者唐甄也强调统治者要严惩官员贪污腐败的问题，指出"天下之大害莫如贪，盖十百于重赋焉"，"以刑狐鼠之官，以刑豺狼之官，而重刑匿狐鼠养豺狼之官"。也就是说，作者认为，统治者不仅要严惩腐败堕落的官员，也要严惩纵容包庇贪官污吏的官员。此外，作者还提出了具体的"富民养民"政策。比如，他认为"养民之道，必以省官为先务"，统治者要任用贤良："廉者必使民俭以丰财，才者必使民勤以厚利。"统治者要充分利用自然条件和各种生产资源要素，鼓励农业、手工业、商业等，使"农安于田，贾安于市，财用足，礼义兴"。

这句格言启示我们，当代社会要不断推动建设"服务型政府"，深化"放管服"改革，要正确处理好经济和社会、政府和市场、效率和公平、活力和秩序、发展和安全等重大关系，不断增强改革的系统性、整体性、协同性，加强普惠性、基础性和兜底性民生建设，从而提高人民群众对政府工作的满意度，促进社会健康长远发展。

拓展阅读

《潜书》是明末清初思想家唐甄所创作的哲学著作。此书原名为《衡书》，"衡"意为"权衡天下"，后因作者接连遭遇不幸，于是改名为《潜书》，意为"潜存待用"。此书共四卷，分为上、下两篇，每篇又分上、下，共九十七目。《潜书》深刻揭露了封建专制制度下社会不平等现象，提出"天地之道故平"。此书对后世影响深远，近代著名思想家、学者章太炎、梁启超曾对此书高度赞扬。此书对于研究明末清初的思想文化和政治发展具有重要的参考价值。

后记

　　"中华传统美德格言集萃丛书"的编纂出版，得到了山东省委宣传部的大力支持。山东省委常委、宣传部部长白玉刚对本丛书高度重视，提出明确要求；省委宣传部副部长张同海统筹指导丛书编写工作，省委宣传部文化传承发展处进行具体指导并审改了书稿。

　　曲阜师范大学党委书记邢光，党委常委、副校长李兆祥，党委常委、纪委书记陈丙波进行了具体统筹协调，调配了马克思主义学院、历史文化学院、孔子文化研究院、美术与书法学院等校内各单位的力量，充实到写作团队中。孔子文化研究院王钧林教授和颜炳罡教授、历史文化学院姜开勇书记、马克思主义学院孙迪亮院长和陈庆国书记对丛书编写都给予了有力指导。

　　丛书编纂团队共八名成员，成积春教授、宋立林教授担任主审，任松峰编著《崇德之道》，王汉苗编著《做事之道》，王德成编著《做人之道》和《待人之道》，蒋开天编著《持家之道》，齐高龙、任松峰编著《爱国之道》，徐佰义编著《和合之道》。编写过程中，团队成员密切配合，通力协作，高质高效完成工作任务，本书得以顺利出版。同时，本书的编写出版还得到了济宁市委宣传部、济宁医学院、有关专家学者、山东文艺出版社董国艳编辑团队的鼎力支持，在此，一并表示感谢。

丛书参阅的中华典籍种类多、范围广，尽管做了充分收集与查阅，但鉴于编者学识能力所限，难免有不足或失当之处。加之中华传统美德博大精深、深邃厚重，编者辑选的格言仅仅是其中很小的一部分，是否精当也尚待检验。敬请批评指正。

编　者

2025 年 3 月